聚接经济
一种农业供给侧改革的高效模式

王 丰 著

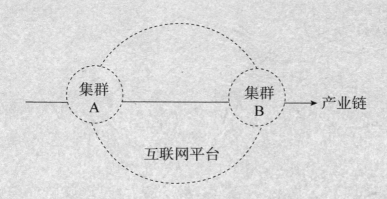

中国农业出版社

　　世间事，大到世界经济发展，小到个人创业，所做的其实无非两项工作：寻找规律和运用规律。

　　寻找规律，就是探寻高效可行的商业模式。有些人很成功，做了上百家高营利性的企业，但也许每家企业所应用的都是一个相同的思路模式，他是幸运的，因为他及早找到了对的模式，通过配置资金、人才、技术等各项资源，及时将这种模式以各种业态的形式落地于各个领域；有些人只经营一家公司，反复改头换面，更换业态，却始终运营艰难，原因也许只是他还没有找到那条正确的商业模式或者规律，又或者他一直滞留于一条低效率的商业模式上，但他仍有翻盘的机会，只要不停地试错，对的模式总会被发现，只是每一次的试错都会耗费资金。于是，很多人便在资金链断裂中被动放弃；有些行业只有少数人成功，是因为它对大众有着看似很高的门槛，让人知难而退、不敢尝试；有些行业永远只有先入者成功，是因为先入者垄断了资源，让后来者即使掌握了模式规律，也无法调配到模式所需的资源要素。

我国农业产业和多数农业企业面临的最大困境，在于难以实现供需高效对接，千家万企的"供"与千家万企的"需"之间，缺少高效的匹配方法。一方面是卖家现有的大众产品产大于求，另一方面，买家所需的特色产品又供应不够。如何使农业供给步入按需生产、按订单供应的良性轨道，是农业供给侧改革的核心任务，其关键在于寻找供需高效对接的规律。

为此，本书提出了一条农业供需高效对接的规律——"聚接经济"模式，这一模式对于破解农业供给侧的低效难题非常有效，其原理很简单——先"聚"，再"接"。产业链某环节的大量经营主体被集聚成群，再与其上游或者下游的另一潜在交易集群进行对接，便可促成裂变式合作，提升供给效率与需求满足度。农业产业链条上，聚接的对象有很多，可以是农户、合作社、农资供应商等经营主体，也可以是土地、资金、农机、农产品等资源要素，还可以是技术、品牌、品质、数据等软资产，但不管什么对象，聚接的规律和方法都是一样。"聚接经济"模式主要体现了两大关系。首先是在运作程序上，理顺了产业链的供求关系，链条上任何两个环节之间的关系，都应是以下游环节为需求，上游环节为供应，因此，作为最初一公里的生产环节，其运作程序上应该是最后一公里，而作为最后一公里的消费环节，在运作环节上应该是最初一公里，以此类推。其次，是在千家万企的对接上，强化了同类集群对同类集群的大兵团对接关系，规避了单家企业孤军作战的困境，也突破了少数几家企业简单建立联盟的局限性。

运用规律，就是将找到的规律运用到经济活动中，让其发挥经济效益，其关键在于配置规律运用所需的有效资源。"聚接经济"的应用，瓶颈是各经营主体的集聚。换作十年之前，聚接的成本高昂不可想象，而如今，互联网平台技术的发展破解了集聚的高成本难题，这种集聚不再依赖于实体搬迁，而是更多的是信息的聚合，由此提升了集聚的效率。

本书介绍了聚接经济的商业模式与操作方法，从市场、资源、采购、物流、农业服务、品质把控、创新研发、品牌推介、全产业链、大数据、农业扶贫等 11 个领域，一一论述了聚接的实操技巧，并辅以案例介绍，提供了一套移动互联网时代的新型商业模式，愿可促进宏观经济层面的农业供给侧改革和个体经济层面的经营模式借鉴。

CONTENTS 目　　录

第 1 章

理 论 解 释

从农业供给侧结构性改革说起

当前中国经济的问题，表象上是总量过多，深层次是结构性矛盾。农业产业也不例外，虽然各种问题表现各不相同，但"病根"都出在供需的结构性失衡上。为此，中央提出，要着力加强农业供给侧结构性改革，使农产品供给数量充足、品种和质量契合消费者需要，真正形成结构合理、保障有力的农产品有效供给。

对于农业供给的结构性失衡问题，多数人都会站在农户的立场上，评论其信息渠道不畅、市场能力不强，殊不知，那些农业产业链上与农户打交道的企业，他们对于千家万户农民的需求和供给，也同样存在信息不畅的问题，这也常常会降低企业产品的供给效率。因此，一些好的农机、种子等企业，他们每年都会花费大量的精力来调研农民的需求和想法，以此提高企业产品的供给效率。如果企业所大量生产的种子、农机不是农民所普遍接受的，就会造成供给侧的结构性过剩。

所以，关于农业供给侧结构性改革，系统论之，应该是让农业产业链上游环节所生产出的产品，包括质量和数量，符合下游环节的需求，实现供给环节与消费环节的无缝对接。这里就包含多个层面的所指，比如种子、农药、肥料、农机企业对农民的结构性供给问题，第三方服务企业对农民的专业服务结构性问题，农民对农产品加工企业的结构性供给问题，农产品企业对市场消费者的食品供给问题，等等。

然而，农业是一个薄弱产业，生产环节多、周期长，加之每户农民的经营规模小，地块分散，这就注定了农业产业链上的众多企业，与农户做生意的交易成本会比较高，搜集信息的工作量很大。企业以单打独斗的形式对接上下游，势必导致成本高、规模小，无法提升集聚和规模效益，限制了企业的发展。事实也是如此，农业产业链上的许多企业的规模往往不会太大，其产品的交易常常存在季节性和区域性。

为了克服这种多交易对象下的高交易成本，很多农业企业开始与同行一起构建战略联盟伙伴关系，以增强与上下游的对接实力，使产业逐步向纵向分工、横向集聚发展。这其中，又以两种事物特别突出：一种是农业企业协会（或者联盟、商会等），一般是生产同类农产品的同行企业联合构建松散型的组织，用以开拓产品市场；另一种是农产品电商，多为政府部门引导构建，组织区域内的同类企业将农产品聚集在平台上销售。全国有上千家农业产业联盟，但多数经费不多、作用有限，离各家会员企业的期望值尚有差距；有农产品电商平台约 5 000 个，但多数运行艰难，难见其效。农业产业的结构性问题依然矛盾突出，显示出同行横向联盟的效果有限。

还有一种解决办法，那就是"公司＋基地＋农户"的纵向一体化订单模式。据调查，这种联盟往往是以大企业为主导、弱小群体处于被动地位的订单模式。全国有成千上万的这样的订单组织，但多数依赖于大企业的庞大实力而生存，一些小企业所链接起来的联盟，往往受农产品市场的剧烈波动而"树倒狐弥散"，持续 5 年以上的合作更是少之又少。农业产业链上小企业居多，他们的生存与发展，出路在哪里？

除了横向企业联盟和纵向一体化订单模式之外，还有没有一种高效率的模式，既能解决农业经营主体的小、分、散问题，降低企业交易成本，又能有效连接产业链上的供给与需求，克服结构性失衡的矛盾？

本书为农业供给侧改革提供了一种新的战略模式——聚接经济。它既有同行企业的横向联盟，又有产业链供需环节的对接，同时也为诸多农业企业的发展提供模式与机会。

什么是聚接经济

农业是弱势产业，农民是弱势群体。与其他产业相比，农业产业链上的不同经营主体，包括农民与农资供应商、农民与农业企业、农民与市场、不同农业企业，他们之间的信息沟通相对匮乏，交易成本较高，产品生产效率、资源利用效率、结构供给效率都有很大的提升空间。

"聚"，是聚类、聚集的意思，重在同类集群，也就是将同类个体聚集起来，这里特指将产业链上同一环节的经营主体聚集起来，以类似联盟的方式构建同类集群组织。面对激烈的市场竞争，越来越多的企业认识到，要持续提升市场竞争力，仅靠内部资源配置难以为继，要弥补自己在竞争中的薄弱环节，更现实的是借助其他同行企业的优势和资源，通过分工合作的形式，使外部资源内部化，资源共享、优势互补。于是，一些同行企业纷纷在竞争中开展合作，建立起集群组织，整合产业链上优势资源，采用横向一体化的合作战略，以集群组织的整体优势来弥补自身的竞争弱势，从而实现"补短板"。

"接"，是链接、对接的意思，重在供需对接，特指依托互联网平台实现不同产业链环节上经营群体之间的对接。单个集群组织对自身领域的知识和信息较为了解，但缺乏对其他集群组织的了解，特别是在专业技术上存在着较大差异。这时就需要有一个平台，将不同集群组织链接起来，以促进供需信息的互动。不同集群组织之间通过互联网平台实现互动，可以促进市场需求传递，改善产品供给结构，促进交易发生。

"聚接经济"，就是先将产业链上同一环节的经营主体聚集起来，形成一个同类经营主体的集群组织（集群A），然后依托专业互联网平台，与产业链上其他环节的同类集群组织（集群B）实行对接，通过构建"一平台＋两集群"的供应链，促进经济个体之间提升价值交换新机会，激发经济增长新动能，如图1-1。这种"聚"，与常规意义上的同址搬迁不同，并非是让同行企业都把工厂搬迁到一个区域，而是虚拟的战略联盟，更多的是依托互联网平台的集聚合作。因此，"聚集"的重要措施，就是要建立专业互联网平台。

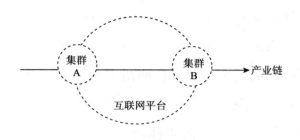

图 1-1　图解聚接经济

从内容来看，"聚接"是一个整体设计，其实质是在产业链不同环节构建横向联盟，然后在不同联盟之间建立链接关系。其中，"聚"的目的是为了解决农业经营主体的小、分、散问题，而"接"的作用则是促进供需对接。只"聚"不"接"，对市场交易的促进作用有限，就会影响同行企业"聚"的动力和活力。不"聚"而"接"，就会造成"接"的主体单一，规模太小，市场交易的增长有限，影响"接"的效率。

从形式来看，传统意义的"集聚"，都是以地域空间为依据，需要耗费大量的搬迁成本，而且规模有限。而这里所提的"聚"，是将不同经营主体的联系平台从地域空间转移到互联网平台，不但节省实体搬迁和引入成本，还将集聚规模无限放大。

从特征来看，一是以产业链为依据。聚接经济系统是基于产业链的共生经济体，以最大化产业链福利为目标来开展资源配置，各经济主体在共生体内部围绕物质流、知识流、信息流和能量流等开展交互协作。二是以互联网平台为纽带。没有互联网平台，聚接经济是没有条件发展的，所有成员的聚接都是依靠互联网来组织的。互联网产生之前，企业战略合作只能是由几家企业私下沟通对接，交易成本非常高。正是因为移动互联网的发展，通过智能匹配供需，聚集对接组织内的所有成员，解决信息不对称问题。同时，成员企业通过在网络平台上的沟通和交流，进行资源互补，从而实现合作。三是以同类资源共享或异类资源互补为基础。对于任何单个经济主体而言，其所拥有的信息、技术、人才、资本等资源都是有限的，依靠聚接组织，不同经济主体之间可以通过技术、资金、市场等环节的合作、交流和授权，提高自身和组织在经济、技术、生产、市场等方面的实力，从而营造更大的市场空间和更高的经济效率。四是竞争与合作共存。聚接下的集群组织，其成员之间往往存在着既竞争又合作的关系。各成员之间通过资源共享和分工合作来获得好处，同时又是彼此潜在的市场竞争对手。

移动互联网为聚接经济带来发展春天

最早的互联网，是以电脑为载体进行应用，但因为电脑的体积大、场所固定，限制了互联网应用的功能和人群。随着手机技术的发展，尤其是设备处理能力的增强、电池寿命的延长、网络速度的提高以及屏幕尺寸的加大，使手机开始逐步取代电脑，成为互联网应用的主战场。事实上，如今的智能手机，本身就接近于一台电脑，只不过可以移动，而且比笔记本电脑更小，更方便携带。于是，通过智能手机，所有的人都被连接进互联网，从而构建了人与人之间的移动互联。

虽然移动互联网只是一个信息汇集和交流的媒介，但这种媒介却存在几大天生的优势：一是开放性。互联网在内容上是没有边界的，在应用主体上也没有任何年龄、性别、身份约束。对于任何经济主体，只要乐意参与，没有地域界限，都可以加入进来，从而形成一种"无边界"的开放性交易市场。二是互动性。移动互联网所实现的不只是单方面的信息传递，而是传播者和接受者多向的实时信息交流互通。三是自组织。移动互联网推动组织形式由传统的科层制向"原子化"的自组织转变，互联网平台上，每个主体都可以自成一个组织。

在移动互联网普遍化之前，各个经济主体彼此分离，组织化的工作量很大、成本很高，很难实现大规模经济主体的聚接。有些经济主体之间即使有共享，但由于受到时间、空间、人力、财力等因素的限制，远没有发挥其作用。随着移动互联网技术的成熟和手机上网的普遍应用，互联网的时空压缩作用得到很好的利用，聚接组织下的各个经济主体被连接到互联网平台后，它们之间的交流大为畅通，信息获取成本大为降低。可以说，移动互联网的普及给"聚接经济"带来发展的春天。

一方面，带来资源共用的加法效应。在各经济主体的分别掌控下，资源与信息都是在不同领域中分散保存。通过互联网平台将它们系统组合、集中使用，就会产生累积效应和互补效应。同时，在聚接组织下，各经济主体还可以通过相互了解学习，获取各方面的最新信息与短板技术，提升自身实力。

另一方面，带来简化交易的减法效应。传统交易过程中，信息交换是由各主体个别进行，这种情况下，随着交易主体数量的增加，信息交换的次数会呈接近几何级数的增加，从而大大增加

交易费用。依托移动互联网平台，所有信息呈现多向交互，交易费用自然大幅度减少。

聚接经济的主要原理

从资源基础的视角分析。 一般而言，企业目标与企业所需资源之间都会存在"战略缺口"。根据资源基础理论，企业的核心竞争力，很大程度上体现在资源优势上，企业可以通过创造更多独特的、不可替代的资源，来增强自身竞争力。要获取这种独特资源，一般有三种途径：一是组织学习，提高员工的知识和能力，以此促进企业的生产经营能力提升。二是知识管理，注重在生产经营中搜集各种信息，以大数据计算整理成对企业有用的资源。三是构建外部网络。基于资源对企业战略的重要性，一个企业竞争力的高低，往往取决于其对资源的整合和配合能力。对于那些弱势企业来说，每一项资源都要独立创造，无疑是一件高成本、效果差、风险大的事情，当自身资源不足时，企业就需要从外部来寻求资源匹配，而通过联盟方式来利用其他优势企业的外部资源，就相对容易得多。通过聚集对接，可以促成不同企业之间的联盟合作，让它们借助彼此资源增强自身竞争力，这就是"聚接经济"的核心要义。

从交易成本的视角分析。 交易成本，就是为促成交易发生而生成的所有成本，包括所有不直接发生在物质生产过程中的成本，如获取市场信息的费用、谈判费用、缔约费用、约束费用，等等。交易成本既存在于企业内部，也存在于外部市场。受制于信息的不完全性和有限理性，无论是企业内部还是市场，其组织协调和资源配置都是需要耗费成本的。企业的产生其实就是为了节约交易费用。当市场交易成本太高时，通过组建企业的方式，将较高的外部成本转化为较低的企业内部交易成本，这就是企业存在的好处。聚接关系是一种介于市场交易和企业组织之间的一种组织形式。开展聚接合作，就是通过集群的形式，让费用较高的完全市场交易，转变为联盟内交易，从而节约交易成本。从机制上看，企业之间的聚接至少有三大好处：一是聚接组织内的成员不再需要为了促成新交易而寻找新的交易对象，从而节省搜寻成本；二是聚接组织中的多个成员共生，可以大大节省信息成本；三是新组织会增进决策的信息集中度和正确性，节省决策成本。当然，聚接经济不能完全替代市场竞争，当聚接组织的内部协调成本增大，超过市场竞争成本时，人们就会放弃"聚接"。

从专业化分工的视角分析。专业化分工，可以让一个企业专注于产业链上的某个生产经营环节，这样，他的熟练程度会越来越高，从而提高效率。同样，农业产业的分工，让农民和农业企业能够将精力集中于专业的领域，如农民专注于生产、合作社专注于服务、农业企业专注于市场等，从而提高每个环节的劳动生产率。同时，在长期的专业化分工状态下，农业企业在该分工环节拥有的资源、技术、设备、人才也会越来越多，从而增强其市场竞争力。然而，专业化分工也会带来交易成本的增加。一个企业在业务管理上存在过多层次，或者一个产业链在业务交易上存在过多层次，其交易成本都会提高，而且，这种分工越细，交易的频次和规模就会越大，交易成本也就越高。而为了降低这种成本，就必须加强内部和外部协作。"聚接经济"，就是为了降低交易成本而建立的协作关系。"聚接"对效率的提升作用，其实就是聚接组织中各资源要素从简单到复杂组合的过程，其效率由资源所有者的合作和组织机制来决定的。

从产业组织的视角分析。现代产业组织理论的一个重要内容，是如何建立资源最优配置的市场秩序，其中一个基本论点，就是在"规模经济"的同时必须保持相应的市场竞争。当前，各路资本纷纷进军农业领域，农业产业面临的竞争来自多方面，既有产业内部的少数寡头企业与多数小型企业之间的竞争，也有专业弱小企业与工商资本寡头之间的竞争。企业都追求规模经济，但整个市场的容量是有限的，这就酿造了企业之间的激烈竞争。一方面，垄断企业会利用各种手段占领市场资源，与此同时，弱小企业之间采取各种方法优胜劣汰，力争抗衡或形成新的垄断。聚接经济，就是引导弱小企业通过联盟方式建立资源互补、实力更强的联合体，以此提升市场竞争力。

企业聚接动力分析

从"聚接"的作用来看，主要体现在降低投入和提升效益上。经济主体主动参与"聚接"的动力主要来自以下四个方面：

优势互补，资源共享。受制于资源的稀缺性、地理位置、行业分工等因素，不同企业的资源配置和实力各不相同。依托聚接组织，各经济主体在共同利益的驱使下，协同各自的资源配置，所能使用的不只局限于自身内部资源，还能通过信息平台借用其他经济主体的信息、装备、人才等共有要素，从而节约交易费用。每个经济主体通过对聚接组织中知识、信息、技术等共有要素的多重使用，能够创造出更大的经济性。

分散风险、分担成本。 若是企业所有的不足资源都来于独立创造，势必造成高昂成本，高成本会促生高风险。通过聚接组织形式，多家企业联合配置资源，满足共性需求，不仅可以解决单家企业的资源困境，还能分担单家企业的成本，分散投入风险。比如，在有些领域，一家企业独立构建电商平台，花费高昂的建设和运营费用，不如多家同行企业联合构建平台，摊销费用，降低风险。

提高产业链的竞争力。 随着经济一体化程度的提高，跨区域的资源配置越来越普遍。比如，一家贵州的家庭农场，其肥料的产地可能在加拿大，农地膜的采购可能在湖北，产品包装可能由浙江的厂商负责，经销商可能是云南的某公司，而产品最终销往广东的超市。这家农场农产品的上市过程中，有很多公司都参与生产包装过程，从而构成一条完整的产业链。经营主体要想提升市场竞争力，不仅仅是加强自身产品的品质，还需要考察所处产业链的竞争力。通过构建聚接组织，同类主体聚集在一处，让信息、技术、资源在不同主体间实现迅速共享，同时，通过与产业链另一环节的聚接组织构成供需关系，有效拓展市场资源，从而提高产业链的整体竞争力。

突破市场壁垒，进入新市场。 新的经济主体在进入新的市场时，往往会遭遇市场现有主体所给予的不利竞争因素，这就是市场壁垒。通过加入聚接经济组织，参与现有企业一起共享信息、资源、经验，企业可以有效突破壁垒，进入新市场。

谁来组织聚接

聚接经济有诸多好处，采取的原理也很清楚，其中，互联网平台是聚接经济中双边集群的联结者、匹配者和市场设计者，平台的开发和运营者往往也是新经济中关键的资源配置与组织者。但现实操作中，应该由谁来组织聚接呢？聚接经济的运营主体可以有4个：一是通过打造双边集群的第三方服务主体，其动力在于实现营利；二是聚接集群中的单个经济主体，它们既想补自身短板，又想扩大在行业中的影响力；三是产业链中的几个经济主体通过群盟方式发起，并最终吸引到更多的主体参与，它们可以通过牵头者的角色来制定游戏规则，更好地掌握主动性；四是政府和行业组织，通过搭建平台，构建聚接组织，以全产业链的方式提升产业的整体竞争力。简而言之，企业、协会、政府都可以组织或引导发展聚接经济。对于以服务为内容的企业，可以通过聚接经济模式实现双边集群营利，在这个时代，它们多以创业公司的身份出现；对于产业链内的传统经济主体，可以通过牵头组建聚接组织扬长避短、掌握主动权和提升行业影响力；对于政府和行业组织，可以借助聚接组织实现产业转型升级。

聚接经济是一场深刻的革命。尤其是在农业经营主体碎片化分布、各自小规模经营的今天，聚接经济克服经营主体聚集的现实障碍，用资源集聚、供需对接来代替实体搬迁、同质化生产的弊端，必将给整个农业产业的资源重构、组织重构、供需重塑，甚至治理模式都带来巨大影响，真正推动传统农业从小规模、碎片化向规模化、集约化前进。

第 2 章

市 场 聚 接

当前，技术革命的发展导致供需形势转变，客户成为市场的主体，谁拥有了客户，谁就拥有了市场，整个经济活动从企业主导向客户主导的转变，对于企业来讲，最关键的是以用户为中心，根据用户需要决定市场、决定生产。

农业产业的供给侧，从大的方面来讲，是农产品生产，而从整个农业产业链的角度来讲，每个上游环节都是其下游环节的供给侧。改革供给侧，就是要围绕下游的市场需求，优化上游的产品和服务供给，让供给更加有效。对于产业链上的任何经营主体，其市场就是下游企业，这就需要做好两件事情：一是尽可能多地寻找和对接下游市场的经营主体，二是最大程度地发现和满足他们的市场需求。

市场聚接，就是帮助经营主体完成寻找下游企业、发现下游需求这两件事情。其实质是在两个环节之间构建一个聚接平台，集聚并对接两个环节的众多经营主体，将下游的市场侧主体引入给上游的供给侧主体，让后者充分了解和对接前者的需求。对于这个被插入上下游之间的聚接平台，其本质作用是连接一个双边集群，A方是占据强势地位的市场需求主体，B方是处于弱势地位的产品供给主体。在当前产能过剩、需求零碎的大形势下，A的选择很多，较难召集，但只要平台上的B足够多，就会对A造成吸引力。为此，很多聚接平台会通过免费甚至补贴来吸引A，促进A数量的增长，进而吸引B方支付更多的费用。召集到的A和B越多，聚接平台的效果和收益也就越大。

以手机软件为例，在苹果手机之前，几乎所有的手机制造商都是依靠自身力量来开发或经营手机软件。但苹果手机采取聚接经济模式，在手机上构建应用软件销售商店（APP Store），让众多APP开发者在商店中展示新产品，手机用户可自由选购和付费使用，从而构架出一个双边市场模式：一边向开发者（B方）提供软件销售平台，并按每年99美元的标准收取开发者注册费，并提取软件销售收入的30%，另一边免费向手机用户（A方）开放。之所以对用户免费，是因为接入到应用软件商店的手机用户越多，应用软件的开发者就越容易销售产品，因此，软件商店的收费主要来自于开发者。

如今，已经有很多市场聚接的新鲜组织模式，比如订单配送，通过聚接平台连接生产者与消费者，需求者平台下单、供应者配送到户，将成千上万的零碎消费需求集聚为千家万户生产者的市场用户；比如农场众筹，依托聚接平台提前订好市场（众筹者），让分散的经营主体在市场的统一规划下生产。

简而言之，聚接可以帮助解决企业缺市场、缺渠道、缺用户的困境，其方法是以产业链为依据、以平台为载体、以集聚为手段，实现双边集群的对接。

供需聚接——帮助企业解决缺市场的问题

供需聚接，就是通过互联网平台，分别将买方和卖方聚集起来，然后依靠互联网平台，将这两个集群实现对接。

基于市场供需的聚接经济，是典型的双边集群经济体，"供"和"需"这两边通过互联网平台相接后，可以实现市场信息的精确匹配，给供需双方同时带来规模效益。其实，供需聚接模式并非最近才出现，而是很早就存在。早前的中介公司、集市、购物商城等，扮演的就是聚接模式中的平台角色。只是由于技术水平有限，传统聚接企业的业务活动受到地域和时间的限制，在规模上无法做大。互联网平台技术的成熟，使聚接经济可以跨域时间和空间，低成本地集聚起原本分散的海量用户，同时，大数据分析技术对平台上用户的消费行为进行记录，进而对消费习惯和市场趋势进行挖掘分析，加之第三方支付和互联网金融的应用，催生了新一轮的供需聚接浪潮。

利用这种思路，在农业产业上，可以打造诸如"农户→聚接平台→公司"、"企业→聚接平台→经销商"等模式，这其中，聚接平台充当着农产品供销集散地和信息中心的作用，是一种虚拟的产业集群。这种虚拟集群与传统农业集群相比，具有两大特征：一是跨地域性。传统农业产业一般是沿着产业链的上下游发生经济关系，而且受地理空间和时间的限制。而聚接经济利用互联网平台，可以突破人力、土地、资金、环境等要素在空间上的硬性约束，促进多样化市场资源跨区域整合和优化配置。聚接组织的成员，无需在同一地点，而是可以分布在不同地区，他们通过虚拟的网络平台聚集在一起，这就很好地克服了农业资源的跨区域问题，使产业链内的资源配置和整合可以不受地理范围的约束。这一点是聚接经济与传统产业集群的最大区别。二是无需全产业链。要依托互联网平台构建聚接组织，无需像传统产业集群那样，实现尽可能多的产业环节（最好是全产业链）的集群。事实上，只要依托任何两个呈供需关系的产业链环节，通过每个环节的主体聚集，就可以很有效地打造出一个聚接组织。这是聚接经济相对于传统产业集群的灵活和高效优势。

在聚接经济这一催化剂的作用下，"供给"和"需求"，这对经济学矛盾，正按照一种不同以往的模式实现大规模的链接。

➡ 案例1 一种农场对家庭（F2F）的食材专供商业模式

在食品安全问题频发的当下，人们希望弄清自己所消费的生鲜食品产自何处、何人，以确保健康安全。同时，生活节奏的加快促发人们对简单生活方式的追求，希望足不出户就可以实现对生鲜食品的逛选和配送到户。这个背景之下，促生了很多农产品公司的"生鲜订制"商业模式，为城市家庭配送农村的生鲜食材。其通行做法有以下几个步骤：

一是聚集基地。与多户菜农和养殖户衔接，将其土地和养殖场作为公司的产品基地，基地仍由农户经营，但经营品种、生产方式（最好是有机方式生产）由公司和农户共同协商，公司从基地上购买符合质量要求的蔬菜肉类，卖出后赚取中间差价。

二是聚集用户。寻找城市家庭作为消费客户，以按周收费的方式，每周一次向其配送生鲜肉菜，配送种类由消费者根据公司提供的生产种类自行选择。企业将可提供的生鲜种类按序号编制菜单，以此开发成手机终端 APP 软件，安装于消费者手机上。消费者只需在手机上选择生鲜种类的序号，点击确定后即可发送至公司。公司利用 APP，每周更新一次可提供的生鲜菜单及其价格，消费者提前一周点击下单。菜单需附带有详细信息，例如产自于何基地，是哪户农民种植，采摘时间是多久，相应地，生鲜实物上也应用二维码标识出这些信息（图 2-1）。

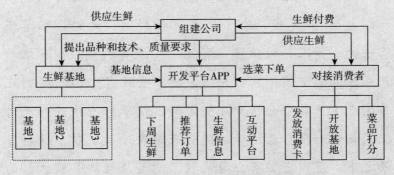

图 2-1　"食材专供"商业模式的运作示意图

这其实就是一种典型的聚接经济，一端聚集农产品基地，也就是多个农户家庭，从每个农户家庭订购不同品种、数量的生鲜农产品；另一端聚集订购消费者，让平台用户自主选择菜品，网上下单订购。通过互联网平台，实现农户家庭与城市消费家庭这两个群体的对接。平台企业的利润，来自基地采购到配送销售之间的差价（图 2-2）。

图 2-2　农场对家庭（F2F）食材专供的聚接原理

➡ 案例 2　烟草企业聚接终端资源，助农增收脱贫

对于烟草企业，多数人所熟知的是它作为国家税收机器的强大营利能力，2015 年，烟草行业上缴国家财政总额超过 1 万亿元，其纳税能力被民间比拟为"两桶油＋四大行"。其实，除了是"税收利器"之外，烟草还有一大少为人知的功绩，那就是"扶贫利器"——烟叶产业牵动着全国千家万户烟农的产业致富！2016 年，在举国上下开展全面扶贫攻坚之际，烟草行业也开始思考探索如何利用自己的资源优势来助农增收脱贫。这种背景之下，贵州省烟草公司采取了"聚接经济"模式，为 12 万户烟农搭架了一条农产品销售的高效渠道。

可能有些人不清楚，现在我们市面上所看到的零售户，他们每天卖出的卷烟，都是通过网上专业平台订购，然后由当地的烟草公司配送到户的。网上平台是由省级烟草公司统一构建，全省统一运营，零售户每天都可以上网订购。这个平台上的用户量十分庞大，因为所有卷烟零售户都要上网订烟。以贵州为例，全省有卷烟零售户 19 万户。于是，贵州烟草公司想，能不能利用这个庞大的网络，来帮助 12 万户烟农销售农产品？

他们的总体思路是，依托卷烟订烟平台，开发农产品销售平台，聚集线下卷烟零售户，为烟农提供农产品销售渠道，促使烟农在非种烟季节，利用非烟土地开展农业订单生产，增加烟农的多元化经营收益。主要方法是，通过在订烟平台上开发农产品的电商模块——"烟农优品"，将烟农的农产品搬上电商平台，让零售户来选择购买。这是一种典型的聚接经济：利用专业电商平台，先是聚集 19 万户零售户，作为需求侧；然后聚集 12 万户烟农，作为供给侧。在平台的聚集之下，需求侧与供给侧自然对接，实现聚接效益。

我国农业的很大问题，就是千家万户农民的小、分、散，给产品组织和市场满足带来难度。作为供给侧的卖方，12 万户的烟农显得太多，不易组织，更难管理。为此，贵州烟草公司又开始思考烟农组织化的问题。

在贵州，全省有129个烟农合作社，这些合作社分布在每个烟叶产区，为本区域内的烟农提供专业化生产服务。于是，贵州烟草公司聚集这129家合作社，以后者为经营主体，在平台上开店经营，同时，让烟农作为合作社的订单农户，开展农产品生产。合作社在平台上寻找农产品订单需求（一级订单），然后将此需求以二级订单的形式下达给区域内的烟农，让烟农按单生产。

系统中的聚接原理见图2-3。

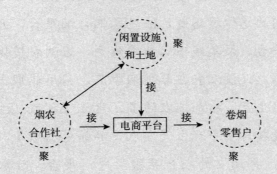

图2-3　"烟农优品"的供需聚接关系

于是，平台上形成了以129家烟农合作社为卖家、以19万户卷烟零售户为买家的封闭式运营系统。零售户通过订烟平台进入"烟农优品"信息发布平台，浏览选择商品，点击产品查看联系方式，直接电话联系合作社，完成产品买卖。因为卖家数量不多，十分方便管理。平台为所有卖家的产品制定了门槛标准，确保产品"绿色"安全，并设置买家评价功能，对不诚信卖家实

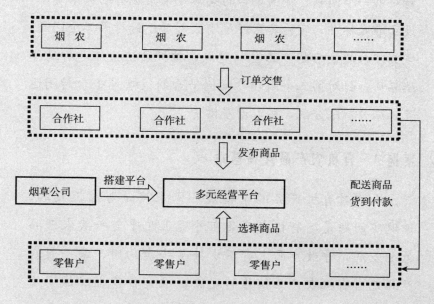

施退出机制，以保障买家利益。整个系统中，烟草公司出于助农增收的目的，作为第三方公益人搭建了聚接平台。

平台运营的整个商业模式见图 2-4。

图 2-4 "烟农优品"的商业模式

事实上，通过近几年移动互联网的飞跃发展，电商平台（包括农产品专业电商平台）已经不是什么新鲜事儿。然而，从全国几千家农产品电商平台目前的运营情况来看，多数运行艰难。同时，互联网电商的马太效应告诉我们，后来者很难超越先行者，除非有很好的商业模式或终端资源。纵观本案例中的电商平台，既有难得的优势资源，也有很多用心的亮点。从多数电商平台失败的总结来看，都存在三点教训：一是平台上卖家的营销能力不强，品牌杂乱，不易管理；二是产品品质大众化，难以体现竞争力；三是买家忠诚度不高，平台凝聚力不强。针对第一个问题，案例平台的策略是聚集既有的买家资源，设立准入标准，实施卖家评星淘汰制度；针对第二个问题，案例平台的策略是产品全程追溯，按批质检上市，打造高端品质；针对第三个问题，案例平台的策略是平台封闭运营，账号有限分配，买家评星供货。

案例3　有机农产品连锁基地

　　人们对有机产品的重视度和需求度是毋庸置疑的。但现实问题是，有机农产品在外观上几乎与一般农产品毫无差别，导致市面上有不少挂羊头卖狗肉、拿一般农产品充当有机农产品销售的现象，很大程度上降低了消费者对有机概念的信任度。产生该问题的原因在于有机基地虽经认证，但农产品转移和上市过程缺少监督。受信任危机的影响，真正的有机农产品往往曲高和寡，店面萧条。与此同时，真正的有机农产品生产与消费市场没有很好衔接，多数地方的有机农产品种植基地规模小，地域比较分散，种植产品少，而真正有消费需求和购买力的消费者找不到可以信任的有机产品。因此，有机农产品的发展关键在于消费者的信任，而发展有机联盟、打造规模和权威效应，既可提升消费者信任度，又可满足其对有机产品种类的多样化需求，是有机产业的很好出路。

为此，某平台企业专门注册了一个产品商标。在原料端，将一定区域内的有机生产基地联合起来，与每个基地签订战略合作协议，以约定价格、技术要求、质量标准的方式向其采购有机产品，产品包装上印上公司商标和产品基地地点。在销售端，可在具备消费能力的城市设置有机农产品分店，或围绕高端消费群体发展 VIP 客户销售（图 2-5）。

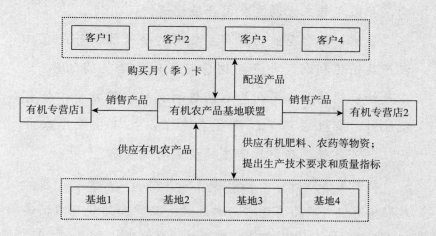

图 2-5 "有机农产品基地联盟"运作思路

一是衔接基地。在一个特定的区域内，将各个有机农产品基地（含转换期）组织起来，分别与他们签订长期战略合作协议，按约定价格采购其有机农产品，并对基地或农户的有机生产方式提出要求，从基地上采购按照公司要求生产的有机农产品。对于那些不愿意合作的有机基地，公司可利用农闲期租用其土地进行产品生产。在采购有机农产品的同时，公司还可向基地供应可靠低价的有机肥、有机农药等生产资料。

二是对接市场。在有消费需求的城市建立有机农产品分店，专营有机农产品。同时也可开展产品配送到户服务。针对一些有长期消费需求和消费能力的客户，可向其发放VIP客户消费卡，按额度分月度卡、季度卡和年度卡。

三是配送物流。销售的有机产品定期从各基地采购，并依托第三方物流公司开展配送。

显然，平台企业的利润主要有两个来源：一是有机农产品销售利润，即产品销售与基地采购之间的差价。二是物资销售。公司向基地销售的有机农用物资，如有机肥料、有机农药等，物资来源可以是从专业厂家采购，也可自行生产，具体选择视市场规模而定。

这种聚接经济，一端聚集有机农产品生产基地，另一端聚集有机农产品消费者，通过统一品牌和质量标准，实现有机农产品生产与家庭消费者的信任对接（图2-6）。

图2-6 "有机农产品连锁基地"的聚接原理

渠道共享——增加企业产品渠道

渠道，本意是指水渠、沟渠，是水流通道，被引入到商业领域，全称为"分销渠道"，指产品从生产领域转向消费领域所经过的路线和通道，包括代理商、经销商等中转主体。传统的渠道由经销商、一级批发商、二级批发商、终端店等环节组成，每一个环节都会被截留利润。近年来，一些企业借助电商平台逐步减少传统渠道中的中间环节，从而将电商也纳入到渠道。虽然渠道环节减少，但仍是商品销售不可逾越的资源。

在当前经济下行、产能过剩的整体环境下，市场形势由卖方主导向买方主导转变，加之许多企业的产品同质化问题突出，促销手段趋同，使得企业难以提升市场竞争优势，这种形势下，渠道的重要性就越发凸显。"得渠道者得天下！"

然而，单个企业的渠道资源都是有限的，而要构建一条新渠道，其成本又是高昂的。激烈的市场竞争之下，一些企业逐步认识到，以自己的单打独斗是很难立足市场的。于是，一些企业从长远利益出发，以聚接的形式，与其他企业互换和共享渠道，建立渠道共享联盟。其机制是聚集企业，将每家企业的产品与其他企业的渠道相链接。

渠道共享可以分为买家共享渠道和卖家共享渠道这两种方式。卖家与买家之间的聚接，属于供需问题，不在此之列。

买家之间共享渠道的道理很简单，属于用户之间的信息交流，一个用户可以在另一个用户那里了解到产品品质、购买渠道、价格水平、售后服务等方面的信息，或者通过团购方式来提升议价能力。集聚的买家越多，用户之间的信息交流和议价能力就越强。

卖家之间共享渠道的关系就相对复杂，因为他们之间同时存在竞争和合作的关系。卖家之间的竞争关系，要么表现为在同类产品上的品质差异化，要么表现为相同产品的价格竞争。如果同类产品的差异化程度不高，也就是这类产品的可替代产品越多，企业之间的竞争力就越大，产品的定价水平和销售利润也就越低和越透明，从而演变为价格竞争，这种情况下，平台聚接所起到的是负作用，对各企业没有任何吸引力。卖家之间的合作关系，多表现在互补产品之间的联合推广上，不同企业通过渠道共享给彼此带来更多的客户，平台集聚的卖家愈多，渠道就越多，只不过随着集聚规模的逐步扩大，聚接效应会逐步放缓。

➡ 案例4　黔西南州特色农产品流通协会

理论上讲，每家农业企业都有自己的产品渠道，否则，其产品销售就会成为空谈。但每家企业的渠道不尽相同，有的企业渠道多、效率高、规模大，有的则渠道少、规模小。在拓展产品分销渠道方面，有的企业固守常规，满足于现有渠道下的固定销售收益，但往往遭遇风云巨变的竞争退出；有的企业则持续专注于提升产品竞争力，不断拓展渠道范围。

在一些二、三线城市，有大量从事农产品加工经营的小企业，有的甚至是家庭式的手工作坊。他们多数以家庭传承的方式经营着某种或某几种特色产品的精细加工和自经营，产品销售以本地市场为主，并享有一定的知名度，但受限于销售渠道，难以扩大生产经营规模。

很多来过贵州的朋友，都对当地的特产兴趣浓厚，我的很多朋友就常常让我邮寄特产给他们。2012 年，我曾经对贵州省内的农产品加工品进行了系统考察，居然梳理出 2800 余种不同品牌系列的特色产品，涵盖中药材、茶叶、休闲食品、腊肉等。然而，多数商品的销售市场都局限于贵州本土，缺乏高效的分销渠道。

为了促进地方特产的发展，2013 年，我们组建成立了"黔西南州特色农产品流通协会"。回想初衷，其实是为了统一各家农业企业的产品品牌，实现大船出海、拓展市场的目的。行至后来，发现渠道其实就在身边，只是被每家企业所分散掌控。后来，在几名常务理事的提议下，各家会员拿出自己的渠道，由协会秘书统一登记梳理，然后分发各会员企业，由会员根据自身的产品特性，与渠道拥有方商议产品新入（渠道）的方式。经过半年左右的时间，多数企业的产品都至少新增了一个以上的分销渠道。许多超市、卖场，都会对每家新进来的企业征收进场费、条码费等，而在这种渠道共享机制下，企业不需另行交纳进场费，只需将产品绑定至已进入的企业，就可以省去这笔费用。同样的省钱方式，在物流上也有高效体现。

这种聚接模式，一端是聚集企业，另一端聚的是各企业的各自渠道，通过将企业的产品与企业渠道集群相对接，实现产品渠道的高效利用（图2-7）。

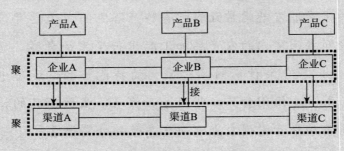

图2-7　多家企业渠道共享的聚接原理

用户链接——帮助平台增加用户

流量，是指网站的用户访问量，包括网站的用户数量、被浏览的网页数量等指标。平台的流量，就好比是一个商场的光顾人群数，光顾的人越多，就相当于流量越大。平台上没有流量，就意味着没人光顾，那就不可能发生交易。因此，如何增加流量，是互联网平台推广的核心目的。

互联网行业有一个显著的721法则，即老大吃肉，占70%左右市场份额；老二喝汤，占20%左右市场份额；其他人加起来吃渣，共占剩下的10%份额。这就是著名的"马太效益"，所谓强者越强，弱者愈弱。首先进入电商领域的老大们，会占尽行业的优秀资源、政策和人才，从而对后来者形成不对称优势。在"马太效应"的驱使下，强者流量大，弱者流量少。多年前，淘宝、天猫、京东等平台的高速流量成长，很大程度上归功于网民数量快速增长的红利。目前，这种红利已经消耗殆尽。对于一个新建的平台，刚开始完全没有用户流，通过什么方式来增加流量，是其存活和发展的关键。

为争取流量，每家企业的网络推广人员都必须和不同渠道打交道，大众电商需要借助淘宝、天猫、京东等渠道引入流量，移动 APP 要借助各种应用市场推销入口，各种社交平台要经常性制造内容，借助微博、微信互动。一些创新平台的开发与推广中，大企业的成功率往往高于草根企业，原因就在于那些大企业原本就已经拥有了强大的渠道和人脉资源，新的平台启动后，可以短时间内引入较大流量。

之前，很多企业通过导航链接来集聚用户流量，对于一些上网不熟练的人，打开导航就可以找到很多网站的链接，通过点击链接就可以直接进入那些网站。但随着用户素质的提升，尤其是手机上网的影响，导航的市场份额逐渐下降，因为在手机上，大家都直接装载 APP，直接点击 APP 就可以进入应用软件，而不再需要单独通过入口了。

目前，增加平台流量的方法中，最常用的有两种：

一种方法，是线下发展用户。手机屏幕上的面板区域是用来安装应用软件（APP）的。因为大小有限，屏幕上的空间资源便显得异常珍贵。除非是个性化突出、特别受用户喜欢的 APP，才会被安装到手机上。一个人一般不会在手机上安装多个电商APP。于是，如何才能让用户发现自己的 APP 并安装在手机上，便成了任何 APP 推广必须考虑的核心问题。线下发展用户，一般是通过扫描二维码的方式，让用户找到并安装 APP。但为了吸引用户扫描，需要有大量的线下营销工作，比如低价让利、赠送礼品等。还有一种办法，就是免费服务，为线下的实体店铺提供免费 wifi，光顾店铺的顾客连接这个免费 wifi 后，浏览器会自动弹出网页，推送商品、优惠券等。

另一种方法，是从其他平台引入流量。也就是从天猫、淘宝、京东等高流量平台上发布平台链接，当用户光顾这些平台时，通过点击链接，可以进入新平台，从而为新平台引入新用户。当然，即使是占垄断地位的高流量平台，有时候也会在一些低流量平台上设置平台链接，用以增加新用户、保存垄断地位。有些小而美的电商平台，也会被大的平台所收购，其用户也就自然纳入到大平台企业。

但是，流量引入是需要花费不菲的成本的。那些不想投入、只是做个链接的引入方法，往往又收效甚微，因为大流量平台的商家众多，一个小小的链接，往往如同石沉大海，难以引起用户注意。于是，很多电商平台便通过聚接的方法，以战略联盟的方式，相互引入流量，共享平台用户。其要义是聚集自身平台的用户，链接其他平台。这种聚接的平台，他们的产品类型往往不同，但却都是产业链上的关联业务。

➡ **案例 5 免费 wifi 服务引入用户流量**

互联网平台的竞争，其实就是流量与入口之争。竞争的方法，早期以导航链接为主，到后来发展到浏览器搜索，近几年，随着移动互联网的快速普及，吸引大量流量从 PC 端向移动端转移，流量入口也不再一家独大，各种 APP、应用市场等独立入口让流量变得越来越碎片化。再后来，又演绎出各平台巨头依靠兼并收购增加流量入口，比如百度收购 hao123，阿里并购高德地图，腾讯投资大众点评，每家企业都在流量入口拼杀。

对各家移动互联网公司来说，最宝贵的东西就是入口，所有用户都必须借助入口进入，才能形成流量。移动互联网的入口，分量最重的是网络，其次是手机，再次是系统，最后才是应用软件。因此，很多移动互联网公司为特定区域的网民提供免费 wifi，以控制入口，迈外迪（wiwide）就是国内最早的一家商用 wifi 供应商之一。该公司成立于 2007 年，成立之初，主要是为国内各连锁咖啡店提供免费 wifi 服务，进咖啡店消费的用户，都可以免费试用 wifi。用户在连接 wifi 之后，手机上会弹出网页首页面，网页上会有当地的一些商品和服务信息，而迈外迪公司就是通过这些广告信息获利。2012 年，公司获得景林资本投资后，将业务扩展至机场和高铁站。一个大型机场和高铁站每天十几万人的客流量，让广告收入更加可观。如今，迈外迪公司更与小米手机战略合作，为其手机用户提供公用 wifi。

这种聚接，一端聚集的是用户的上网流量需求，另一端聚接各商家的广告宣传需求，通过为网民提供免费 wifi，将网民吸引到移动互联网的入口，进而向他们提供广告宣传（图 2-8）。

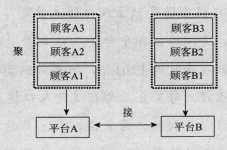

图 2-8　平台流量引入的聚接原理

第3章

资 源 聚 接

　　农业资源，主要涉及劳动力（农民）、土地、农机、农用物资等。现代社会工业和商业的成功，很大程度上归功于资源要素的高度集聚和高效流转，现代农业的实现，也必然以规模化和集约化为前提，客观上也必须依靠农业资源的高效流转来实现。而传统的土地、劳动力、农机等资源的交易，主要靠的都是农民小圈子的自发接洽，效率很低，整合成本极高。同时，在多年农业补贴建设的支持下，我国农业资源并非只是"缺"的矛盾，"多"的矛盾也非常严重，大量资源存在闲置或季节性闲置问题。而且，闲置资源的分布也是碎片化的，零零散散地分散在农村各个领域和区域。如今，借助聚接经济的各种创新模式，大量的闲置资源可以被聚合起来，通过在更大范围内重新对接供需，产生新的经济效益。

　　资源聚接，就是要发挥互联网平台的连接作用，一手聚集闲置的或利用效率不高的资源，另一手聚集规模化经营主体，通过两手对接，实现闲置资源的再匹配，将农业闲置资源变成新供给，在全社会范围内大规模地实现供需匹配，同时降低交易成本，促进现代农业产业经营的规模化和集约化发展。一言以蔽之，资源聚接的好处就是促进拥有闲置资源的人与需要闲置资源的人相对接，实现资源利用的高效配置。

资源流通的方式有很多，诸如租赁、互换、入股、托管等，但最常见的是租赁和互换，采取聚接模式，可以极大地促进这两种方式的发展。

租赁聚接是最普遍的方式，资源所有者将自己剩余或阶段性闲置的资产租赁给其他人。比如，以聚接旅游人士和私家房东为主要服务的平台——"空中食宿"，就是为有闲置家庭房间的房东们提供空房发布信息的平台，同时为不想住酒店的租客们提供房源信息，租赁双方对接并达成协议后，租客就可以在线支付和入家居住。这种聚接平台所提供的私家房间比酒店便宜，而且更有家庭舒适感，其服务已经遍及上百个国家。农业产业客观上存在很多闲置资产，尤其是季节性闲置资产，对闲置的农机具、土地、劳动力及资金，都可以通过构建聚接平台，发展租赁供需对接。

互换，是一方以自己的资源交换另一方的资源，彼此不支付报酬。互换的聚接，就是以平台为载体，集聚各种资源所有者，促进大家交换资源。比如，城乡儿童手拉手体验成长快乐活动，就是由民间公益机构发起，引导聚接城市和乡村的儿童互换生活环境，体验不同环境下的生活感受。农业产业中，一些农民之间会进行土地互换，以方便开展某种作物的规模化经营和连片种植；拥有微耕机的农民也会和拥有植保机的农民互换机器使用，以减少农机采购投入。但这些互换一般都是以区域为单位，在一定地理范围内开展的。依托平台聚接，可以让互换双方更全面地知晓互换意愿，提高互换交易。

资源聚接，解决的是各种资源在所有者与需求者之间的流转问题。要真正做好聚接，不只是要实现信息对接，更需要平台发挥好量化信用的作用。不管是交易规则、交易程序，还是交易争议的处理结果，都是由平台公司单方面决定，用户的参与也都是基于对平台公司的信任。平台可以通过评分机制、经济奖惩、投诉举报、公开告示等手段，保障资源流转双方的交易诚信度。比如，在车主与租车人之间提供聚接服务的 APP 租车平台，就是依靠"会员机制＋评价机制＋安全机制＋保险机制＋法律保障机制"来保障平台上的租车信任。

土地聚接——解决规模化种植问题

没有土地的连片化，就很难实现农业产业的规模化和集约化。然而，在千家万户农民土地细碎分散的现状下，规模化与连片化规模种植并非易事。究其原因，是因为落后的信息传播条件下，农村土地流转的难度太大。

围绕促进土地流转，聚接经济提供了三种有效方法：

第一种方法，是构建聚接平台，集聚土地流转的供需主体，通过传播流转信息，促进供需对接达成流转意愿。这其实就是传统的土地流转中介，只是借助互联网平台，可以大大提升土地流转的区域、范围与规模。

第二种方法，是转变连片方式，实现对多块小连片土地的串联式聚接。采取化整为零的方式，在流转难度较小的多个区域重点打造小连片，通过机耕道将多个独立的连片区域聚接起来，就可以形成小连片、大串联的规模化连片格局。

第三种方法，就是通过反租倒包的方式对接土地与投资者。聚接平台集聚土地的供求双方，先从千家万户农民手中租赁连片土地，整理分割后又出租给千家万户投资者。

⊕ **案例6　山区规模化的"珍珠项链"实体聚接模式**

如何改善传统农业生产小、分、散的格局，促进农田的相对集中，是种植类农业产业发展的前提基础。然而，在家庭联产承包责任制和农村信息传播较慢、区域相对封闭的现实情况下，要实现这一前提条件，其难度是非常大的。众所周知，企业落地的连片占地面积越大，协调的难度也就越大。过去那种无忧无虑依靠政府征地的方式一去不复返，即使有政府的大力支持协调，企业仍旧面临不菲的交易成本，有些企业已经规划好的土地上甚至出现钉子户、高价户、上访户、闹事户。那么，企业能不能找到一种高效的土地规模连片交易模式，既能降低价格成本，又能减少协调难度？这里介绍一种高效灵活的组织方式——"珍珠项链"模式。

烟叶是农业产业的一个重要品类，也追求规模化、连片化和集约化的种植方式。而我国烟叶种植大部分集中在西南山区，与平原相比，在发展规模化种植方面存在很多先天劣势：一是生产要素相对分散。在种烟土地上表现为土地狭小、连片度低、区域分散，不利于规模化经营和连片种植。二是地理条件相对恶劣。突出表现为地块间高度差异大，片区间相互通连的机耕道不多；单块土地面积小、坡度较大、耕层薄，部分内隐石砾，不利于机械化作业。综上所言，克服生产要素相对分散、地理条件相对恶劣、设施装备相对不足、主体素质相对低下的现实禀赋，创造集约化经营的各项条件，实现规模化种植、机械化作业、专业化分工和精细化管理，是山区发展现代烟草农业的关键所在。基于此，贵州省烟草公司创造性提出了"珍珠项链式"现代烟草农业发展模式，放弃"大规模、大连片"的常规发展思路，以相对集中、区域集约为理念，既追求规模高效，又兼顾山区实际，实践出一条山区现代烟草农业发展的高效路径。模式内涵：一是不追求超大家庭农场式的连片经营，而是通过协调不同农户在同一区域的集中种植，实现连片种植、分户经营；二是不追求烟叶种植的大规模连片，而是重点打造规模 13.3～66.7 公顷的区域小连片；三是将所有小连片区域以机耕道相连接，辅之以必要的农机入田口，最终形成"小集中、大串联"模式。

这种连片规模的实现，主要依托以下方法：①以村为单位统一种植制度。引导乡镇、村委会统一单双年份轮作规划，将各烟叶种植户原本随意的轮作制度进行统一，促进每年植烟土地的相对集中。在一些小麦、油菜晚熟产区，大力发展麦套烟、油套烟等种植模式，解决因前茬作物晚熟影响烟叶移栽期的问题。②多种形式协调土地流转。引导各烟农合作社成立土地流转中介服务平台，促进流转对接；烟草部门充分利用土地转包、转让、反租倒包、互换、股份合作、转租、联合经营等土地流转手段，辅之以连片流转补贴，引导协调区域内土地连片种烟。如安龙县依托合作社成立土地流转收储中心，将外出务工农民休耕、闲置的耕地统一收储，再根据耕地区位的连片性和规模性，有目的地转包给当地种烟专业户。③建立烟农联合组。以烟地连片为依据，将20～100户烟农联合起来，引导成立烟农联合组并推选组长。联合组统一聘请专业化服务，统一开展技术培训指导，统一移栽时间和生产标准。④片区串联。将机耕道建设作为烟叶小集中、大串联种植作业的纽带。通过机耕主道实现每个连片小区与集群烤房、育苗工场的连接，以便于烟苗运输和集中烘烤，通过机耕支道保证连片区域内每块烟田的农机进入（图 3-1）。

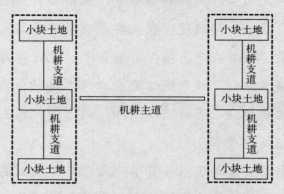

图 3-1 "珍珠项链"连片模式的聚接原理

这种模式，演绎的是一种实体的聚接，聚集小块土地，形成一个个土地小集群，利用机耕道将多个土地小集群连接起来，便形成类似"珍珠项链"的集约化土地组织模式。

➔ 案例7 自助农场

土地规模连片的经营主体并非一家企业，而是多个用户。近年，受食品安全问题愈发严重的驱动，城市消费者对日常购买的生鲜农产品越来越不放心；而随着家庭经济收益的增加，让很多城里人具备了高消费能力。同时，现代城市生活方式，让很多城里人想亲身体验农业生产，或重温农业生产的乐趣；而农村里，大量农民外出务工，大大增加了农村可连片流转的农地。这为城里人的农村梦提供了很好的条件。

为满足城里人的农村体验梦，很多公司开启了"自助农场"建设，按照现代农业要求配套建设好农田基础设施和装备；将农场土地分割为若干单元，将每个单元返租给城市家庭，让租地家庭在农田里自种、自收、自己消费。农场地点最好选择市郊，以方便顾客到场，同时也节省物流成本。

由浙江兴合电子商务有限公司、阿里集团的"聚划算"平台、绩溪县庙山果蔬专业合作社等单位，共同组建了一家电子商务公司，起名"聚土地"。"聚土地"采用反租倒包的方式，先将当地农民的土地集中连片流转过来，然后反租给多个平台用户。农民向公司收取租金，而公司则向平台用户收取租金。每块土地上种什么作物，由对应的平台用户决定，土地所产农产品也归用户所有。作为出租土地的农民而言，他们除了获得租金之外，还参与合作社，帮助平台用户开展土地的日常管理，获得工资收入。目前，"聚土地"平台上，已经有35 000多个用户进行了认购，流转了30 000余亩闲置土地，实现了2 000多万元的销售额。其运营过程有以下几个步骤：

（1）连片租赁农民的农田，将土地整理培肥，完善机耕道和排灌水渠等基础设施，将其打造成高标准的现代化农场。

（2）将农场土地分割成若干单元，像卖房子一样，将分割好的每个单元对城市家庭进行招租，每个城市家庭认租一个或几个单元。单元农田上的农产品品种和种植方式由租地家庭自行决定。

（3）租赁农田中的农产品种植可由城市家庭自身经营管理；若其无力全程管理，则由公司代为管理。

（4）公司代管时，可招募当地农民为农场工人，为其分派不同区域农田，负责指定农田的农产品种植管理，同时制定不同类型农产品的种植管理标准，培训受雇农民，使其掌握技术要领，公司在种植过程中对照技术要求和质量标准严格考核。

（5）各单元生产出的农产品由租地家庭自行处置，也可由其委托公司采收后定期配送到户。租地家庭所生产的农产品若自己消费后仍有富余，可采取三种方式处理：第一种方式是委托公司进行包装后，以礼品形式馈赠亲友；第二种方式是以低于市场价的方式出售给公司，公司将所收购的农产品进行包装后出售；第三种方式是与农场里的其他租地者进行产品交换，公司通过建立大型户外显示屏发布交换信息，为有交换意愿的客户提供信息平台。

目前，"聚土地"平台上，已经有 35 000 多个用户进行了认购，流转了 30 000 余亩闲置土地，实现了 2 000 多万元的销售额。

这种模式下，互联网平台既是承包商，也是中间商，它一边聚集供给方（农户）的闲置土地，化零为整，一边又聚集城市家庭，将土地分租给他们，化整为零，赚取中间差价。这一点上有很多类似模式，比如 YOU＋、WeWork 等企业通过承租社会闲置场地，再以"装修-分割-转租"的模式，出租给下游用户（图 3-2）。

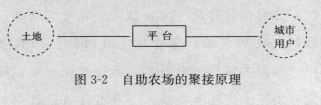

图 3-2　自助农场的聚接原理

劳动力聚接——降低雇工成本

劳动力聚接，就是借助聚接平台，实现闲散劳动力与雇工需求的聚集与对接。虽然劳动力聚接受限于农村的信息传播渠道，尚未大行其道，但已经在医疗卫生、教育媒体、家庭生活等领域快速发展。

在医疗领域，聚接经济实现了医生空闲时间与病人看病需求的对接，解决了医疗资源不足带来的看病难的问题，诞生了柔性化定制医疗。目前，我国占主导地位的公立医院人满为患，而私立医院又遭遇公信力不足，导致医疗资源紧张。聚接经济下，依托聚接平台，公立医院的医生可以在空闲时间提供在线咨询和上门治疗，让病人享受定制化医疗服务，减少了医院挂号排队耗时长的问题。

在媒体领域，聚接经济实现了作者创作与读者需求的对接，解决了媒体内容更新的来源问题。很多平台的文章内容并不是亲创，而是由平台认证注册一批兼职作者，由这些作者以个性化视角创作并发表，以吸引不同兴趣的读者阅览，而平台也会根据点击量来对不同文章内容付费。

在家政领域，聚接经济实现了家庭阶段性的服务需求与家政服务人员的对接，增加了服务人员的业务订单，节省了家庭服务开支，同时为家庭选择服务人员提供了打分借鉴。传统的按摩、美甲、理发等生活内容，也通过聚接平台，实现了技师与消费者的对接，消费者在平台上预约技师，对接好上门时间，方便自己和技师的时间安排。

在教育领域，聚接经济实现了优质教师资源与学生补习需求的对接，解决了部分教师的从业问题，也满足了学生的个性化补习要求，聚接平台为学生提供了更有说服力的师资选择参考。

在农业领域，当农民家庭从事农业生产所需的劳动量超出了自身能力时，就必然出现雇工现象。当前，受益于工业化和城镇化的发展，农村可流转土地增多、劳动力大量外出，一些农民在扩大生产经营规模、发展家庭农场的同时，也遭遇劳动力不足问题，产生了雇工经营需求。然而，受供需错位影响，大多数农村的劳动力市场呈现相对紧缺局面。许多剩余劳动力因无法在当地找到合适的工作，而被迫进城务工，致使劳动力紧缺程度进一步加剧。与此同时，部分家庭农场却因找不到雇工对象而延误农时，或是因劳动力价格过高而无力承担雇工开支。这种供需错位

状态下，可以依托聚接平台，促进劳动力供需对接，通过劳动力的在线集聚与流通，不但为企业提供充足的雇工选择，还可让闲置劳动力获得更加具有弹性和灵活性的工作机会。

➡ 案例8　独立家庭农场的联合雇工模式

联合雇工模式，指有雇工需求、但经营规模又无法满足雇工全天或全月、全季节工作量的生产大户，为降低雇工成本，与其他经营规模相仿的大户一同共同雇请劳动雇工的合作模式。联合雇工既能减少单一生产主体的雇工成本，又能增加被雇者的工作收益，从而稳定雇佣关系，同时还可在一定程度上促进标准化生产，提高生产技术和质量均一化水平（图3-3）。

图3-3　农场联合雇工的聚接原理

2007年，贵州省绥阳县高坊子村及其周边村庄的500亩土地被列为绥阳县现代烟草农业综合示范区，高坊子村村委会与示范区办公室经过信息发布、身份调查、资格审核等程序，选定了5位具有一定的经济实力、经营管理能力、烤烟生产经验的大户，并将从当地村民那里"反租"而来的土地"倒包"给他们，吴发慧就是其中的一位。吴发慧承包的面积是100亩，主要种植烟叶。在面临烟叶采编等劳动强度比较大的工作时，吴发慧需要雇请一些村民一起完成，并支付相应的费用。然而，因为大量村民外出务工，村里的劳动力非常紧张。除非是能够找到可以在本地持续打工的机会，村民才会留下来。但多数农作物都是季节性忙碌，一户农场的活往往是忙碌几个月，就雇请几个月的工人，这样的工作机会很难与天天有活干的外出工厂务工相比，因此也很难留住工人。为此，吴发慧与另外 4 人商议，联合雇请工人，确保工人的劳动机会和收入。

这种联合雇工，是生产主体通过分担雇工劳动时间、提高雇工工作效率降低劳动力成本；雇工通过增加被雇佣时间和工作量提高劳动收益。联合雇工产生动力，一方面是规模化经营产生雇工需求，另一方面是短期雇工行为因为工作量有限，导致雇工行为无法按整天、整月计算报酬，致使雇工行为不稳。

农业装备聚接——提高利用效率

农业装备包含设施和设备两大类，其中，设施涉及灌溉、大棚等，设备涉及耕整机、植保机、采收机等。多数设施和设备，都分散在千家万户的农民手中，因为服务面积多限于所有者本人的土地，装备的利用效率普遍不高。而另一方面，设施和装备都是有使用年限的，一旦毁坏，农民又需要重新购置，增加采购成本。以农业机械为例，虽然政府对农机购买都给予一定的补贴，但当前农业生产上的农机应用仍是以户用和自给自用为主，农机服务的专业化、社会化、组织化程度比较落后，缺少完善的市场服务机制，致使农机具使用效率较低，维护成本相对较高，降低了大户购买农机设备、扩大再生产的动力。农业装备聚接，就是以提高设施装备利用效率为目的，在闲散的农业装备与设施化生产需求之间构建聚接平台，实现供需灵活对接。

➡ 案例9 农机宝

农业机械化发展，两大资源最关键：作为生产工具的农机和作为生产者的农机操作手。

对于农机来讲，重要的是与土地、农艺的配套性。我国农村耕地地形条件复杂，平原、丘陵、山区的地貌条件各不相同，很难用一两款共性机型来一统江湖。目前，市场上的农机品牌和机型看似很多，但产品机型设计大同小异，农民可选择的空间并不大，导致很多农机产品在一些地区很不实用，使用起来效率很低。

对于农机操作手来讲，重点是会操作和能操作。农机的操作需要的不只是技术，还要有一定强度的体力。然而，目前我国农村大量青壮劳动力外出务工，留下来的都是些年岁较大的老年人，他们不但学习能力较差，那些年龄偏长者，即使懂得如何操作农机，也因体力不足而无法亲自下地操作，有时勉强操作还会带来一定的风险。

此外，从目前农机应用的现状来看，在各地政府多年的强力补贴下，农民购买农机的总量很多，但受限于我国千家万户农民的小、分、散种植格局和农作物季节性种植现状，农机的总体利用率很低。利用率低还带来保养意识不强的问题，导致农机使用寿命短。

农机是一种生产资料，之所以存在上述问题，其根源在于资源与人的匹配过于固定，资源的专属性太强，流动性太差。为此，可以构建一个互联网平台，提供农机资源流转服务，变拥有为共享使用，以此提高利用效率，同时也可解决农机手的问题。农机宝平台可提供两大服务：

一是对于可以自行操作农机的，提供农机租借服务，让农机的借出方和租借方依托平台实现租赁对接，农民不用独立购买，只需租借就可使用农机。

二是对于没有农机操作能力的，提供专业化农机作业有偿服务，让农机操作手带机开展专业化农机服务，按作业量收取报酬，以此解决种植者劳动力不足问题。

这种聚接，一端是农机持有者和服务提供者，另一端是农机作业需求，通过互联网平台的聚接，实现农机租借或专业化农机作业服务，提升农机利用效率和作业水平，其实质是通过人人帮人人的模式，实现"不求拥有，但求所用"（图3-4）。

图 3-4　农机流转的聚接原理

资金聚接——实现低成本融资

农业产业要盈利，要么是提高产业附加值，要么是追求规模效益，不管是哪种途径，都需要有较大的资金投入。但由于很多从事农业产业的经营主体，自身实力都有限，这时候，就需要借助聚接经济来引入资金，依托聚接平台，让众多零散资金为众多农业主体提供资金借贷。这其中，比较盛行的有两种模式：P2P和众筹。

P2P 的字面理解，就是个人对个人借贷，是通过互联网平台，将社会上碎片化的小额资金聚集起来，借贷给诸多资金需求者。这其实是一种典型的聚接经济模式：在众多资金出借人和借贷人之间建立一个聚接平台，集聚两者并实现对接，就可促进资金流动。这种模式下，借款人在互联网平台上发布借款信息，包括金额、利息、还款方式、还款期限等，资金出借人根据自己的意愿出借不等额的资金。这种做法最早起源于英国，2005 年，英国出现全球首家 P2P 网贷平台 Zopa。2006 年，这种网贷模式传入美国，2007 年传入中国。目前，国内的 P2P 网贷平台主要有 4 种运营模式。

第一种是无担保线上交易模式。这种模式下，资金供求双方在网贷平台上自行对接，平台只充当信息中介，不承担资金借贷的任何风险。以"拍拍贷"为例，平台上的资金采用竞标方式实现借贷，利率由借款人和竞标人的供需状况决定。借款人需提交书面资料的扫描件，由平台对提交资料实施信息一致性方面的审查。借贷到期不还，将曝光借款人的信息，资金出借人也可开展法律诉讼或借助第三方公司催还。这种模式的优势在于，资金需求双方以竞标方式，在交易上有较大弹性和自主权。而对应的缺陷在于，由于目前我国社会信用体系尚不健全，如果借款人预期不还，即使曝光黑名单，仍难挽回出资人的损失，因此难以提升出资人的投资安全感，导致平台融资额有限。

第二种是有担保线上交易模式。这种模式下，网贷平台已经不止是信息中介，而是与第三方担保机构合作，在资金借贷合同中扮演担保人和联合追债人的角色，负责借款人的信息核实和借贷过程中的资金管理，保障出资人的本金。以"宜信"为例，平台将借款人的债权拆分组合成固定收益的理财产品，销售给出资人。出资人与平台，而非借款人签订合同，不参与对借款人的信息审核。这种模式的优势，是资金的可控性强，出资人的投资风险低，但收益率也相应较低；缺陷是出资人不了解借款项目情况，网贷平台的成本负担也较重。

第三种是线下抵押交易模式。这种模式类似于民间借贷，网贷平台只起到信息登记作用，具体的交易都由资金借贷双方在线下当面洽谈。出资人一般会要求借款人提供资产抵押，以担保资金安全。以"融众网"为例，平台负责登记出资人与借款人的需求，借款人需要当面审核，提供抵押物的凭证，并经公证处公证，以保障抵押强制执行效力。优势是以抵押为基础的借贷风险小，缺陷是手续繁琐，一般需要借贷双方去公证处、房产交易中心办理手续，且交易范围受地理区域限制。

第四种是混合交易模式。 就是融合上述三种模式的优势，对不同额度的资金借贷，设置不同的交易方式。大额资金借贷，采取线下抵押交易模式，而小额资金借贷则采用线上模式。

资金聚接还有一种新的解决方式——"众筹"，就是集合大众的资金，每人出一点，来共同完成某件事情。从商业上讲，专指融资人在互联网平台上展示具备良好发展前景的项目，引导众人为其投资，筹资成功后，再以股权或实物的方式回报投资者。"众筹"模式发源于美国，近两年才进入中国，它让众多"草根"有了更多的机会去参与创业和实现梦想。通过"众筹"模式的应用，可以让原本一个人完成起来资金不足或风险太大的项目，由众人碎片化投资、合力解决资源，最终支撑起一个好的产业，或解救一个好的项目。农业产业中可以"众筹"的领域有很多，比如筹土地、筹技术、筹产品、筹流通、筹股权、筹乡村旅游、筹公益。比如"云联牧场"平台帮助传统行业的养殖户"凑足"资金，减少中间销售环节，只要有 1 000 元，就可在平台上在线认购一只育肥羊，3~4 个月后即可回收全部本息，让消费者不但吃到羊肉，还当上牧场主。

目前，"农业众筹"有以下三种商业模式：

第一种是产品消费模式，也就是很多人一起合伙购买农产品。这种商业模式以实物和服务作为投资回报，类似于"生鲜预售"。通常的做法是，融资人以农场作为发起项目，在"众筹"网站上邀请用户按需求预定农产品，并预付资金。待筹资结束，农场按订单生产，再将农产品配送给用户。这种方式的本质是农产品预售，它打破了传统的农产品生产销售流程，将销售前置，以销定产，通过"团购＋预购"的形式向用户募集项目资金。而对于用户来说，模式带来的参与感是他们的重要收获。"大家种"、"尝鲜众筹"平台上的项目大多都采用这种方式。

第二种是平台中介模式，也就是由第三方公司搭建一个融资人与投资人对接项目的平台。该平台以中介的角色，撮合有意向的融资人和投资人，并帮助控制资金风险，它们的收入主要来自于收取服务费和资金沉淀收益。众筹平台为创业者提供了资金获取渠道，吸引很多普通人参与创业，营造了一个"人人都是投资者"的商业氛围。美国的 Agfunder 和我国的"有机有利"就是典型的"众筹"中介。

第三种是股权参与模式，也就是以很低的资金门槛参与项目股权投资。很多农业项目需要的资金量并不大，但因为风险太大，单个投资人对于项目前景的顾虑较多。采用"众筹"模式，可以降低项目的进入门槛，分散投资风险，同时又可以获取股权收益。"农业众筹"中最常见的股权对象是土地。美国的 Fquare 和我国的"耕地宝"属于这种众筹类型。

农业产业要想成功"众筹"到资金，关键是要把项目做得创新且有商业前景，创造出能够真正吸引消费者的商业模式，并将可预见的风险降到最小。

案例 10　农业大户 P2P 融资平台

随着农村大量劳动力外出务工，农村的土地流转加剧，涌现出一大批种植规模较大的家庭农场和农民合作社。每一年的生产季节前夕，这些家庭农场和合作社都需要大笔资金，用于支付土地租金、肥料、农药、煤炭、雇工等费用。

然而，由于农村金融机构在乡镇和村级的金融服务网点较少，且业务品种单一，无法为农业大户提供方便、快捷的金融服务，致使很多家庭无法及时、足额得到所需贷款，很大程度上限制了经营规模的发展。

为解决农业大户的资金需求问题，可以成立一家融贷服务平台公司，一方面，与各金融机构合作，将其优惠政策、资金项目聚集在线上平台上；另一方面，以行政村或乡镇为单位，寻求当地合作社作为合作单位，以合作社为依托设立一个线下存取款机构，用来开展政策宣传、业务洽谈、小额存取款等业务。

平台公司做的另一件事，就是依托诸多合作社集聚当地种植大户，开展需求摸底、信用评级、风险评价等工作，同时开展抵押物估值和手续办理。当然，金融机构需要给予合作社相应的服务报酬。

种植大户需要贷款时，可以登录平台，查阅筛选适合的金融产品。在完成线上手续后，种植户到当地的合作社代理点办理线下手续，提交抵押物凭证。完成线上线下的所有手续后，就可以收到贷款资金。

这种聚接模式，一端聚集的是金融机构的金融产品，另一端是种植大户的贷款需求，通过平台化运营，一方面解决供需对接，另一方面还解决了农村金融机构服务网点少的问题，通过合作社的线下风险评估和抵押物接收，降低了贷款风险（图3-5）。

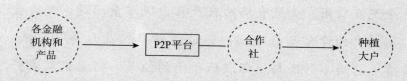

图 3-5 农业大户 P2P 融资的聚接原理

➡ 案例 11 "大家种"的产品消费型"众筹"

很多城市居民都有一个自己耕种、自己消费的农场梦。但一户家庭自身能够消费的食材有限，专门为一分地去租赁土地和建设农场，很显然不太现实。而且工作繁琐。如果多户家庭采取每个家庭出一点的方式，来众筹一个农场，就可以节省成本，还能分担雇工费用。

建立于 2011 年的"大家种"就是这样一家农业众筹网站，它在各地城市郊区精选农场，并推荐给附近的城市居民，让城市居民共同筹资，分区预定土地的农产品产出权。农场设置 24 小时实时监控的摄像头，在平台上公布关键生产环节的数据、照片、视频，让众筹者可以实时观看农场的作业过程。用户自发组建消费者 F2F 组织，对产品进行考察监督；定期组织用户参与走进农场活动。平台用户的订单资金不直接付给农场，而是暂时由"大家种"平台托管，待农产品成熟、用户确认收到农产品之后，再由平台付款给农场，平台赚取资金沉淀费用。如果农场的农产品出现质量问题，平台会将用户的资金如数退回。通过这种"农业众筹"方式，建立起城市居民与城郊农场之间的纽带，将他们从农产品的购买者变成农业生产的参与者，改善了城市家庭与农业的关系。

这种聚接方式，同时集聚众多城市居民的资金与农产品需求，通过农场化种植的集中投资，所产产品由投资者（城市居民）按投资额分享，从而解决了农场种植的资金需求问题（图 3-6）。

图 3-6 众筹农场的聚接原理

第 4 章

采 购 聚 接

商品采购，既是一个商流过程，也是一个物流过程，其关键是如何采购到物美价廉服务好的商品。互联网的出现为商品采购提供了很多的选择比较，以互联网平台为载体的商品采购，更是集商流、物流、信息流、资金流于一体，互联网平台上的采购过程可以涵盖寻找供应商、洽谈、订货、在线付款、开具发票、电子报关、电子纳税、物流配送、库存盘点、统计核算等全部过程。

政府采购是商品采购中的重要部分，备受供应商和第三方平台关注，他们也爱上互联网采购。我国政府采购规模巨大，2015年突破2万亿元，占财政支出的12%。政府采购中存在一个共性的难题，他们普遍要求采取公开招标和集中采购，这种方式在面对大额批量采购时可以发挥规范程序和价格控制的作用，但在小额零星采购时，往往会遭遇商品型号繁杂、使用者需求多样、采购节奏难以统一等问题，而电商采购很好地解决了这个问题。在电商平台上，产品型号齐全，价格比较容易，而且采购痕迹自动体现。近几年，央采中心、江苏、广东、深圳、合肥、天津等政府采购部门争相尝试电商化采购，开展政企电商化合作，打造了多个省级、市级政府采购互联网平台。

多数供应商和平台商的重点关注对象都是城市市民，殊不知，在农村，也有两类商品的市场可以说是超级规模，那就是9亿农民的日用生活品市场和18亿亩耕地的农用物资需求。一直以来，这两类物品都分散在各地集镇的商铺里零售，市场份额被成百上千家企业以碎片化的方式分享，少有企业可以大规模垄断市场，而且每个厂家都要在产品市场营销上花费大量成本。同时，因为日用生活品和农用物资的厂家繁多、品牌杂乱，任何线下商场都很难为农民提供种类和品牌齐全的商品，农民难以比质比价地优选商品。

采购聚接，就是要发挥互联网平台的集聚作用，将商家和农民用户分别集聚到互联网平台上，让商家规范产品和服务标准，让农民有更多的商品比较选择，同时为陌生农民之间提供一个团购商品的组织平台。

农资采购聚接——减掉中间渠道成本

农业生产的规模稳定，也必然带来农用物资市场的刚性需求，加之种子、农药、化肥、农膜等产品的生产工艺成熟、标准化程度高，由此成为许多电商企业打开农业市场的突破口。

传统的农资销售渠道下，农资产品经过各级经销商的层层加价，到达零售端时，往往价格虚高，这种信息不透明还会带来制假售假问题。通过互联网平台，可以促进产品的信息透明，实现买卖直供，降低中间成本。

依托互联网平台的农资采购，目前主要有三大方式：一是一些销售商在网上开店，农资产品上网，农民从以往的赊销农资转变为网上直购；二是一些农资企业创建电商平台，直接开展扁平化的农资产品销售；三是一些互联网企业进入农资领域，从事农资产品的平台化销售和服务。当然，农资行业有其特殊性，比如农技服务、物流配送、农村上网、支付信任、渠道利益冲突、规避假货和法律责任界定等问题，这些都给农资采购的新模式、新主体的发展带来一些困扰。

➡ 案例 12　"云农场"农资电商

成立于 2014 年的"云农场"是一家"互联网＋农资流通"的农资电商垂直交易平台，主要经营化肥、农药、种子、农机、农业设施等多个品类的农资产品，农户可在平台上以低于传统渠道 15％～45％ 的价格购买到各农资厂家的产品。目前，"云农场"农资电商平台已发展成为全国的网上农资分销平台，其市场覆盖山东、江苏、河南等十几个省份，建有 200 多家县级服务中心、16 000 多家村级服务站，平台有数百家知名农资企业、上千个农资品牌和超百万的注册用户。成立当年，平台农资市场交易规模达 2.2 万亿元。其成功关键至少有以下几点：

一是依托产品集聚，提升产品信息透明度。通过去经销商化，各农资产品的零售价格大大降低，平台上的产品销售价格往往低于传统渠道15％～45％。

二是依托销售数据，提升营销精准度。"云农场"利用平台上的长期销售数据，针对不同产品和农户，构建大数据决策模型，促进各农资企业精准营销。

三是依托互动反馈，提升用户满意度。平台实施产品的全周期追溯机制，提高终端农户的问题响应速度，大大减少过去那种服务找不到人、问题解决延迟、服务满意度低等问题。同时设置了互动功能，根据用户需求反馈不断改进产品，减少产品的"无效供给"。

这种聚接模式，一端聚集各大农资供应商和其品牌产品，另一端聚集千家万户农户，通过平台实现供需对接，提升信息透明度和产品服务质量，降低成本和价格（图4-1）。

图4-1　农资采购平台的聚接原理

农村消费聚接——巨大的蓝海经济

9亿农民的日常消费品，包括酱油等厨房用品，香皂等洗浴用品，等等，市场规模肯定是巨大的。问题是，农村地广人稀，农民居住分散，只有将分散人群的需求集中起来，才能通过规模化稀释配送成本。显然，只有互联网平台有此功能。

要把分散的农民需求聚集起来，并非易事，一定要有吸引农民的强大黏附力，而这个黏附力就是低价和服务。团购必然带来低价，这一点要相对容易，而优质的服务，不但需要线上发力，更需要线下配合，比如可以以村为单位，依托村委会、小卖部等设立线下服务点。事实上，阿里的村淘就是这种模式。农村里缺失的服务需求有很多，可以在一些实际需求方面为农民提供廉价或免费服务，以此来吸引和黏附他们的关注，进而发展消费品团购。

➔ 案例 13　互联网村集体经济发展模式

一方面，每个村的村民，都客观上存在一系列生产、生活的服务需求，由此形成市场，这是"公司化村庄"的主要优势。同时，对于本村范围内的设施工程建设，"公司化村庄"具有快速处理问题、高效集聚资源、内部化解矛盾等方面的地利、人和优势。而另一方面，因为主要成员是村民，"公司化村庄"与外界市场上的专业公司相比较，在专业素质能力、市场信息获取、业务灵活性等方面又显得短板突出，不具备村外作战的市场竞争优势。

综上，"公司化村庄"，优势是对内服务与对内建设，短板是对外市场竞争力不强，同时还存在规范化经营方面的风险。由此，建议"村庄公司化"，先期以对内服务和对内建设为重点，通过打通渠道、练好本领后，再重点强化对外经营与销售。同时，全地区统一构建"村庄公司化"的治理架构，或引入大企业统一布局谋划，以提升公司化村庄的规范化经营水平，确保依法经营、民主决策、自生发展。

全地区成立一个机构或引进一家大型企业，建立"便民服务联盟"，共建1个"便民服务"线上平台。每个村庄成立1家分公司，构建1个线下便民服务中心，依托"便民服务"线上平台，开展7项服务业务，建成"1117"互联网集体经济模式。①资源流转中介：为村民之间的劳动力、土地、设施装备、房屋资产等资源的流转提供中介服务。②物流收发：与邮政储蓄、顺丰速运等大企业合作，作为其包裹集散中心。③日用品团购超市：村民通过手机APP（没有条件的地方可在当地摆放触摸操作屏）查阅商品与下单登记，参与团购招募。④客运乘车点：客运与包裹运输一体化，打通村村客运物流网络。⑤村务协调：设置警务值班室，搜集村民反映的问题、意见、建议，并通过APP上报。⑥资金存贷：安装自动取款机，或设置便民存取款点。⑦工程建设：承接本村范围内的工程、劳务、服务等。小工程可独立运营，大工程可招募临近分公司合作完成。

　　该模式的实施应用上，应以统一性、灵活性、开放性为原则。一是统一设计，选择应用。设计线上平台时，按照 7 项业务开展整体构架。但线下应用时，可根据每个村的实际情况灵活选择经营内容，不搞一刀切。二是强企牵头，合作发展。与邮政储蓄、顺丰速运等公司合作，依托其业务模式，构建线下便民服务中心的网点。日用品的订单团购方面，可与"万村千乡"超市合作，也可整合每个村的远程教育站点装备。三是结合实际，整合资源。若村委会大楼地处聚居地且交通便利，可将团购超市、资源流转中介、物流收发、便民乘车、存取款点、公司办公、村务协调等 7 项业务全部汇集于村委会大楼；反之，则可与现有的超市、乘车点合作，将 7 项业务分项落地（图 4-2）。

图 4-2　农村消费聚接原理

第5章

物 流 聚 接

　　物流产业紧密连接着生产与消费、原料与加工、进口与出口等环节，其核心任务，就是以最快的速度、最低的成本、最便捷的方式去完成运输的过程。然而，当前我国物流产业的总体效率并不高，主要原因是信息不对等，利益链过长，导致物流成本居高不下。据统计，我国社会物流总费用占 GDP 的比重约为 18％，是美国的 2 倍。我国 85％以上的大型货车都是个体户经营，物流运力绝大部分依靠分散经营的 700 万辆中长途货车和近 2 000 万辆的中短途货车。这些分散的货车因为市场需求信息不对称，缺少统一协调调度，普遍存在空驶、不饱和装载、单边空驶情况，大大降低了货车的利用率和物流效率。低效率和高成本不仅吞噬了生产环节的利润空间，也深度影响了市场用户的消费体验，间接抑制了消费动能。同时，货车空驶还会带来巨大的能源浪费和环境污染。

　　干线物流效率不高，是因为缺少货车与货物的统一协调，这个问题相对简单。但支线物流的情况就比较复杂了，其效率受很多因素的影响。尤其是农村区域的物流，涉及最后一公里的配送非常复杂，主要原因是农村物流的集中度低，网点少，基础设施差，成本高，配送的最后一站，往往仍需要用户长途自提。

作为农产品进城的最初一公里和工业品下乡的最后一公里，农村物流最缺少的是两项工作：一是系统布局物流终端网点，二是串接物流线路。

对于第一点，也就是如何建设物流终端网点，可以村寨为单位，选择核心区域的超市、小卖部等开展合作，设置货物提取点，负责货物包裹的代签、代收、代管、付款。农民选择到就近的网点提取和寄出货物，支付物流费用，托运或领取物流货物。

对于第二点，也就是如何串接物流线路，可依托当地的农村客运线路，发展客运班车的货物物流职能，每班客车到站后，村民按照时间表到客运点提取货物。同时，可在村寨认证配送个体户，负责本村的短距离配送和运输，利用互联网平台将所有的配送任务进行登记梳理，优化每次的配送线路，节省物流成本。

农村物流聚接的精髓，就是利用互联网平台，一端聚集农民的物流需求，另一端聚集物流配送人员和车辆，实现配送者与寄送任务的对接，通过大量任务的梳理对接，精简配送路线，提升车辆装载率，节省物流费用。

近年来，为解决物流行业的信息不对称问题，嗅觉灵敏的创业大军纷纷进入物流平台领域，涌现了一大批诸如菜鸟网络、京东商城、安得物流、智通三千等聚接型平台企业，尤其在市场不集中、信息不对称的公路货运领域，专业平台超过200家，成为聚接经济的热点领域。很多平台型企业争相采用货物跟踪定位、无线射频识别、电子数据交换、可视化技术、移动信息服务、智能交通位置服务等先进技术，实现对物流过程的精准控制。

货车聚接——提高货车利用效率

传统物流行业存在三大痛点：

一是货车与货主的信息不对称。因为受限于渠道，货主找不到太多的物流公司，一般都是通过熟人关系或直接找货运公司，无法对物流的性价比和稳妥度进行比较。货车不知道哪里有货运需求，很多都是依靠熟人圈子或是采取发名片的方式寻找货运需求，到达单趟目的地后，很难立即对接到返回时的货运需求。即使是在同一个地方的成百上千的货车和货主，因为无法对接沟通，都成为分散的信息孤岛。在一些物流园或货运场，有一些小型的物流公司，他们很多都是承担着黄牛的角色，在货车与货主之间进行中介并收取信息费用。

二是交易的标准化程度不高。传统的物流供需对接，高度局限于地理位置和熟人，依赖于当面沟通和电话交易，这种沟通方式下，物流交易的价格很不标准，一般需要多次的讨价还价，而且支付方式原始。

三是缺乏信用保障。对于货物运输过程中的丢失、延误以及包装损坏等风险，传统的物流方式很难真正提供信用保障，很多货主只能依靠熟人合作或是找熟人担保，这进一步增加了物流对接的难度。

利用聚接经济模式，可以通过构建物流聚接平台，为货车和货主提供"车找货"、"货找车"之类的信息对接服务，这与"滴滴打车"的原理一样。平台上，通过公示提供收费标准和合同模板，可以解决标准化的问题；通过采取身份认证、信用评级、资金担保等方式，可以克服传统物流中存在的信用风险。

➡ **案例 14 货与货车的聚接平台——"货车帮"**

我国物流的潜力，不是货车的市场短缺，而是货车物流效率的提升空间，不管是农村物流，还是农产品物流亦是如此。这其中包含两大痛点：

第一个痛点，是货与车的错位问题。整个美国的物流公司加起来也不过 800 多家，而我国却多达 80 万家，货车司机人数超过 3 000 万。这些货车司机多数是个体经营，依靠自己的熟人圈子开展业务，空载返程问题突出。比如，某货车从徐州送货到乐山，但返程没货，司机不得不将车开到货运信息集散地成都，对接到宜宾的货运信息后，开车几百公里到宜宾接货，然后返程徐州。整趟下来，原本有 6 000 元利润，但扣除掉空驶油费、过路费等成本后，剩下不到 3 000 元。

第二个痛点，是运输任务的标准化问题。货物运输的费用柔性很大，因为这里面缺少线路和计价的标准化，导致相同时间、相同出发地的物流任务，交给不同的货车公司或司机，费用会相差很大。

为解决上述痛点，"货车帮"搭建了货车司机和货主之间的货运交易平台。该公司在全国 20 多个省份建立了 1 000 家线下车辆服务网点。截至 2015 年底，平台注册司机会员超过 150 万，认证货主会员超过 30 万，每天发布中长途货源信息超 500 万条，为社会节省燃油费 500 亿元。其运作过程中，形成了两个关键机制：

第一个机制，是如何确保平台用户的交易诚信。为了保证货源的真实性和司机的诚信度，"货车帮"对货主和车辆都有严格的线上、线下认证流程。对于平台注册的司机，"货车帮"要求提交身份证、驾驶证、行驶证，通过"三证合一"实施实名认证，同时验证物流企业的营业执照、营业场地；而对于货主会员，都必须是现场认证，平台的工作人员会亲自去货主的门店，核对其身份信息，如营业执照、名片、身份证等。交易过程中，平台开展信用担保、在线支付、在途监控、索赔认证等措施。比如，某货车司机因为平台信息有误而空跑一趟，"货车帮"可以支付最低赔偿，但同时也会从失信货主收取赔偿金。又比如，某货主从平台上找的货车造成货物损失，"货车帮"将给予货主赔付。

第二个机制，是议价规则和标准。"货车帮"制定了货物运输的定价指导机制，形成了一单一议的定价机制，其中，中长途运输每一车每一单价格都不相同，去程与返程价格不同，相同货物不同季节价格不同，重货和泡货价格不同，整车货与半车货价格不同，不同路况的运费价格也不同。

第三个机制，是如何增强平台对货车司机和货主的黏性。"货车帮"经历了三个阶段：第一个阶段，是QQ群聊阶段，公司沿长江以南的13个省份分别建立13个QQ群来对接和整合货源，每个群有专门的群主发布消息和维持秩序。第二个阶段，是建立面向货主的专用"物流QQ"，将之前的13个QQ群解散，并将其成员引导至专用群聊中。第三步，是开发和推广专用APP，给司机免费安装"货车帮"APP，通过地图位置显示，更加便捷地开展"车找货"与"货找车"。

这种聚接，一端是聚集货物物流的零碎需求，另一端聚集货车与货车司机的载货服务，通过对接零散的货运线路，将各项物流任务连接成一张最经济的物流路线图，减少物流资源的浪费（图5-1）。

图5-1　货-车聚接原理

聚接经济
——一种农业供给侧改革的高效模式

送货人聚接——降低物流成本

送货人聚接，就是将分散的物流资源，通过聚接平台集聚起来，与分散的物流任务相对接，促进送货任务与送货人的最省配对。传统的物流公司，都是拥有自己的货车和司机，不得不承担巨大的人力和设备成本。而送货人聚接，将物流运输的任务完成人不局限在特定人身上，而是通过建立物流聚接平台，认证社会兼职车辆和人员，采取抢单形式就近选择物流主体。用户依托物流聚接平台发布一项物流任务后，附近的运输车辆接到运输需求后响应抢单，平台按照距离远近将任务分配给离得最近的车辆，该车辆按照线路导航找到用户取货，送往目的地。

最近几年还涌现出一些新颖的物流聚接方式，比如对某件物流任务，委托不同的人开展就近分段配送，每个送货人承担整个物流线路的其中一段，只需负责将货物送到中间地点，再由下一个送货人到该地点取货后完成下一段线路。

还有一种客运为主、顺带货运的方式，一些出租车在送客期间，兼职开展顺趟货物递送。

案例15 "捎货"的社会运力聚接

传统的物流方式，都是由企业组建专职配送队伍，设置专门的中转或提货网点，开展货物配送。这种方式下，物流企业在人员聘用和设施租用方面的费用较大，而且很多时候，专职人员完成配送任务后，还得空车返回，造成人力资源和时间成本的浪费。于是，有一些企业便开始思考，能不能借用社会力量，采取顺捎的方式，来开展物流配送，同时提高车辆载货率和降低货主费用。就像有些城市的出租车一样，在已经载客的基础上，还能在路边顺捎上下一单客人，通过议价，既可以减少客人打车费用，又能增加出租车收入。"捎货"平台采取的就是这样一种物流聚接模式，它通过顺路捎带的方式充分利用闲散车辆资源，来共同完成同城货物配送，为货主提供全程监控的跑腿服务，不但为有需求的货主节省了时间成本，同时也提供了就业机会，将社会上的碎片化运力和时间转化成物流资源。

"捎货"构建了车找货与货找车的对接平台，通过整合有业余时间的专职、兼职配送人员，提供实时信息推送、递送全程监控的跑腿服务，类似于滴滴、优步版的"同城配送＋跑腿"平台。平台按照严格的标准和流程来统一认证"捎货人"，这些"捎货人"可以是无业或者下岗工人，也可以是出租车司机，还可以是小资白领、学生。有配送需求的货主通过平台发布配送任务，平台会将任务优先推送给最近的"捎货人"，实现快速接单，减少用户的等待时间。"捎货人"完成任务后实时结算。

"捎货"平台建立了一套货物运输的保障机制。因客观原因造成配送延误或货品损坏的，捎货平台实行先行赔付原则。对于高价的商品，用户可以通过保险公司实行一元保千元的服务。

"捎货"平台构建了一套诚信管理体系。平台对所有"捎货人"进行严格的资料审核和诚信认证，要求身份证、银行卡、手机号三方绑定验伪，并在上岗前，对他们进行线上考核和线下培训。个人信息完善程度不同，被平台所赋予的接单价值也不相同，根据信用级别，有些人只能接价值300元以内的单子，有些人则可以接2万元以上的单子，所接物品的价值越高，"捎货人"获得的配送费用也就越高。

平台还建立了一套诚信高效送货的激励机制。采用用户打分的方式对捎货人开展评级，打分越高，"捎货人"的信用度也就越高，相应地，也就能配送价值更高的货物，获得的报酬也就越多。

这种聚接模式，通过平台对社会闲散运力开展身份认证和信用评级，依托平台汇集客户的配送信息，就近指派运力实施配送，既节省了专业物流运输车专门前往拿货的路程，又降低了单趟任务结束后返程的空载率，是一种聚接社会资源的轻资产经营模式。

这种模式，在农村地区同样适用。在多数农村，因为村寨布局散乱，以村寨为发货端的"最初一公里"和以村寨为收货端的"最后一公里"都面临小、分、散的困境，专业运输车辆在这两端的路线迂回严重，配送效率极低，如果能够采取运力聚接的方式，充分利用各村寨每天的进出车辆，就能很好地减少运力浪费，降低农村用户物流费用。

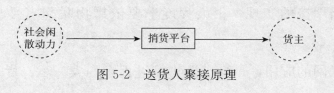

图 5-2　送货人聚接原理

送货线路聚接——减少物流"冤枉路"

物流的成本构成中，有两项关键控制因素：分拣与线路。其中，分拣也是以线路规划为前提，以区域范围内建立货物分拣中心或中转站，对同条线路上的货物开展合并装车。因此，线路规划是物流的重中之重，优化线路是降低物流成本的关键手段。

线路聚接，是在多条零散的配送线路基础上，聚接货车与配送地点，以节省总成本为原则，在区域范围内提升线路优化程度，给各货物重新规划配送线路。这就好比是在两个没有直达班车的地点之间，选择客车中转的组合问题。对于每一位乘客而言，这种中转有多条线路和多种交通工具可以组合。不同的组合，价格、时间和体验都不相同。线路聚接，就是要对这些所有的线路、交通工具进行统筹梳理，再与成千上万的乘客出行线路之间对接，优化线路与中转组合，实现最优的出行效果和最低的价格成本。

与线路相关的，还有取货点，它们也存在聚接关系。传统的物流运作，都是依靠自身的取货点，不得不承担设施租赁和专业人员费用。而物流聚接，通过在每个社区选择和认证设施资源，以更为柔性的方式和社会人士合作，可以将货送到离收货人更近的地方，同时节省设施租用成本。

线路聚接的实现，很大程度上要依靠物联网工具与互联网平台。

物联网的应用，是为了让物流过程中的人、车、货、仓变得透明，比如人、车、货在什么地方，在做什么，车速是多少，车厢温度是多少，货物包装有没有损坏等。一是要有时间反馈，实时记录、反馈人、车、货、仓的状态时间，包括车的发运、送达时间，货物的入库、出库时间等。二是要有安全追踪。比如，实时采集车辆的行驶速度，可以确定司机的驾驶行为是否安全；实时采集车厢的门禁状态和开门时的现场图像，可以追踪货物的安全情况；实时采集和反馈车厢、冷库的温度，可以追踪整个冷链过程的温度品质。三是要控制隐性成本。实时采集车辆的行驶路线并与规定线路对比，可以防止车辆绕路拉私活；记录和标识货物的入库时间，有助于执行先进先出的库存管理，防止商品过期。四是优化调度，通过车辆的位置、状态、型号与运输任务（货物的数量、运输线路）对比，实现优化调度。

互联网平台的应用，是为了以物流供需信息的透明化来促进物流线路的优化。首先需要梳理和明确区域内的物流需求任务，在此基础上通过物流供应链的协同，确定物流活动需要多少车、多少仓库、多少装卸工具、多少个分拨中心。这里面涉及两个方面的问题，一是对物流需求任务的梳理，依靠供应链优化，通过实现业务合作伙伴之间的连接、数据共享，来优化供应链的组织过程。二是对物流线路优化的大数据应用，比较分析不同货、车组合所带来的时间和成本，提出最优物流线路。

案例 16　卷烟物流的配货聚集与线路优化

　　我国烟草行业实行产销分家的专产专销制度。大体上，每个省设一家中烟工业公司，下辖若干卷烟厂，负责加工卷烟。不同品牌的卷烟生产出来后，各家中烟公司不得自行销售，只能批发给各地的烟草公司，由他们在当地实施批发零售。因为烟民对卷烟需求的多样化，每个地区的烟草市场上都会有多个卷烟品牌销售，因此，每个地区的烟草公司要与多个省份的中烟公司发生卷烟采购业务，而每家中烟公司也都要向多地的烟草公司批发卷烟。面对"一对多"的卷烟采购模式，各地区的烟草公司一般都会建设一个集中的卷烟仓储物流中心。各中烟公司的卷烟都会运送到那里，然后由当地烟草公司实施分拣后配送到成千上万的卷烟零售户店内。

　　这种卷烟物流的整个过程，大致包含三个环节：第一个环节，是各中烟公司将批量卷烟运输至各地烟草公司的物流中心；第二个环节，是在物流中心内部，烟草公司根据当地不同卷烟零售户的动态订单需求，将不同品牌的卷烟进行分拣打包，每家零售户的卷烟被打成一个包；第三个环节，是烟草公司用自己的物流车，将打好包的卷烟配送到每家零售户的店内。因为烟草公司的设立是以行政区域为单位，几乎每个地区都会有一家烟草公司，每个地区的物流中心也是以行政区域为单位而设立，显然，其物流也只能是以行政区域为单位。这就带来一个问题：在有些地区的临近边界地带的零售户，其卷烟配送如果由当地的物流中心来实施，不一定经济，而由相邻行政区域的物流中心配送起来，也许更节省物流成本。以图 5-3 为例，A、F 为某两省中烟工业公司，其生产的卷烟送到外省的 B、C、D 等地区销售，传统的做法，是 B、C、D 各建一个物流配送中心，负责对本地区卷烟零售户实施卷烟配送。以配送区域 E 为例，在行政区划上，属于 C 地区的物流配送区域，配送过程中，A、F 公司的卷烟必须先到达物流中心 C，然后再将部分卷烟从 C 点折回配送至 E。很显然，这种线路存在很大的浪费，如果配送区域 E 的卷烟配送交由物流公司 B 来实施，远比 C 点要节省物流费用。进一步分析，如果打破行政区域，取消 B、C、D 三个地区的物流中心，转而在配送点 E 建设一个区域性物流中心，则可以同时辐射 B、C、D 三个地区的卷烟配送，同时减少干线物流和支线配送距离。

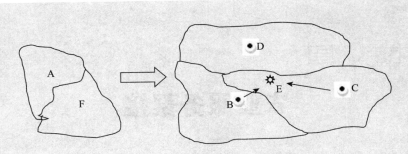

图 5-3 卷烟多点配送示意图

这种物流聚接，一端聚集分散的物流资源（物流中心和运输车辆），另一端聚集配送需求，以整合区域、优化线路为手段，打破行政区域界线，重新匹配物流集散中心与配送线路（图 5-4）。

图 5-4 送货线路聚接原理

第 6 章

农业服务聚接

　　社会服务，不管是工业、商业、农业，其方式方法都是有共性规律可循的，而服务领域的聚接经济，模式上更是异曲同工，其共性规律，可以拿出租车产业为案例来系统分析。

　　我国出租车行业传统的运作模式，大致可分为三种：

　　第一种是租赁承包模式。出租车公司从政府部门获得出租车的经营权，司机则出资购车，承担运营费用，按月给公司上缴管理费。该经营模式的主要弱点是：由于中间存在"公司"这一管理层，增加了经营成本，这一成本实际上要由出租车司机来承担。

　　第二种是个体经营模式。个体经营者在拥有车辆产权的基础上，直接从政府获得经营权，自主经营。该经营模式的主要弱点是：由于实行的是个体经营，管理部门直接面对的是众多经营个体，管理难以到位。另外，由于出租客运的高风险性，一旦出现经营者难以承担的事故，其担负的成本将转移到社会，最终由政府承担。

第三种是公司直营模式。公司从政府获得经营权，并由公司直接出资购买车辆，招聘司机，公司和司机的关系是一种纯粹的雇佣关系。出租车司机的收入是底薪加营收提成。

这三种传统模式，是基于经营主体和利益分配上的分类，司机都以路边载客的方式开展服务，司机成本高、利润低，乘客体验差。近几年，提升乘客打车体验，让乘客随时随地都可以及时约车，同时提高出租车的载客率，出租车行业又涌现了三种新型的高效商业模式：

第一种是第三方服务的"滴滴打车"模式，由滴滴公司构建专业平台，乘客在平台上呼叫，出租车"多对一"应答，平台依据就近安排原则为乘客选择出租车。这种模式中，平台属于第三方经营，只是对客运司机开展找客服务，乘客的车费由司机直接收取。

第二种是为新主体服务的"易道专车"模式，车主自带车辆，平台公司对车主和车辆进行统一认证，并通过自有平台开展客户对接服务。这种对司机和车辆的服务方式与滴滴打车类似，不同之处在于通过平台统一接受服务订单和收取乘车费用，费用由平台收取后再返回给司机，所有服务记录由平台统筹记录。这种模式中，平台好比是一家大商场，而各带车开展业务的车主就好比是商场内的经营户，乘车人（顾客）的车费统一交给平台企业（商场），再由后者返回给车主（经营户）。

第三种是自我服务的"神州专车"模式，平台企业统一购置车辆，招纳司机，利用自有平台开展打车对接服务。这与传统模式相似，不同之处在于企业统一通过平台开展接单、运输服务和统一收费，并由平台自动体现订单和服务记录。这种模式中，平台是主体企业自己经营的，乘客的车费统一交给平台企业，平台企业按照分配规则对司机发放效益收入。

表面上看，这三种模式所采用的都是聚接方式，聚接对象都是出租车与乘客，且本质上都是通过调整供需状况，促进出租车司机与乘客之间的对接，但三种模式的聚接深度各有不同。其中，"滴滴打车"模式中，平台企业为传统行业提供第三方供需聚接服务，但企业本身并不参与传统行业运作，客运司机是出租车公司的员工，与平台之间是纯粹的服务与被服务的关系；"易道专车"模式中，平台企业将新的经营主体（自带车辆的社会车辆）引入到传统行业（出租车）中来，聚接的两端中，一端（乘客）未变，而另一端（出租车）已发生变化，平台只为新引入的经营主体提供聚接服务，传统的出租车司机不在服务对象之列，而且与新引入的经营主体之间是竞争关系；"神州专车模式"中，聚接的一端（乘客）不变，但另一端（出租车）进一步变化，由合作关系直接转变为雇佣关系，出租车司机只能算是平台企业的员工，平台企业与传统企业之间呈现更为直接的竞争关系。

出租车行业的这三种聚接方式，可以为其他产业的服务方式提供普遍性的借鉴方法。弄懂了这三种模式，就不难思考提高农业服务效率的聚接方法，这些方法可以用在农业生产服务、设施维修服务、政策对接服务、技术指导服务等诸多领域。

只是，与工业、商业相比，农业服务的聚接更为复杂，表现在，一是主体众多，包含农户、中介组织、合作组织、企业、政府相关部门等多个主体；二是服务内容复杂，涉及职业教育培训、技术推广、市场供求信息、农业物资供应、生产环节作业、生产合作组织等；三是供求分散，其服务主体分散在各个部门和产业，需求方更是涉及各类企业和千家万户的农民，分散的用户对服务网点的建设与运营提出了挑战，同时也对服务内容的个性化提出了更高、更多的要求。这些复杂性对服务聚接提出了更大挑战。

生产作业服务——农业上的"专车服务"

农业生产是一件周期长、环节多、强度大的工作。这些年城镇化的发展，直接地讲，其实就是城市务工对农村务农的高比较效益吸引下，大量青壮农民去城市务工，留在农村的多为老人和妇孺，这给农业规模化的发展同时带来机遇和困难。一方面，大量农户家庭因为缺少劳动力，无法继续之前的种植规模，客观上产生了土地出租的需求，这有利于农村土地的集中和种植规模化的发展。另一方面，土地规模化后，种植大户必然无法仅靠自己的劳动力去完成所有任务，客观上产生了生产作业服务的需求。同时，因为农业生产的季节性非常强，比如，作物的移栽时间，早一天和晚一天相比，对作物产量品质的影响都非常大。因此，这种农业生产的作业服务，最好是在"人＋农机"的高效率组合下实施的，如果仍然是靠完全的人力劳作，必然会耽误农时。

从农业服务的主体来看，可以有两种情况，一种是第三方社会化服务，如今这种情况比比皆是，比如到处都有专业化的农机公司或个体户帮助农民插秧割稻。然而，各种农机公司大多都是依托电话联系，局限于熟人圈子的相互对接业务，因为服务规模不大，导致服务成本较高，进而带动服务价格居高不下，给农户带来种植成本的纠结。还有一种推高服务成本的因素，就是千家万户农户在服务需求对接上的无序化，让第三方服务公司无法很好地优化服务路线，常常为一些小规模业务重复奔走于相同村庄。显然，只需一个以地图为载体的平台，就可以实现生产作业服务供需双方的聚接，一方面将各家社会化服务公司标记在地图实际位置，供农民来比质比价地选择服务对象；另一方面，让千家万户的农户在地图上标记和登记自己的服务需求，可以供各家服务公司优化服务线路、就近开展作业服务。

另一种情况，是成立一个自己的组织，转而为自己服务，这种组织较为常见的就是农民合作社。什么是自我服务的合作社？讲一个故事就能明白。在某城郊的一条街道上，饭店比较少，在那里工作的很多职员，一直苦于缺少实惠放心且品种丰富的午餐。而因为午休时间短，又没法回家自做。于是，有人想了一个好办法，他号召大家一起众筹，每位股东交纳等额份子钱，办一家 AA 制饭店，专门为所有股东提供午餐，实现自我服务。饭店要实现自生发展，就必须有利润盈余，因此，每位股东在饭店吃饭，都必须点单付费。年末，饭店如果盈余多，就可以拿出一部分出来分红。因为饭店的盈余都是来自股东们的消费，因此，也就按各位股东在饭店的消费额比例来分红，哪位股东的消费总金额越多，他得到的分红也就越多。这就是农民合作社自我服务的内在机制。在很多地方的农村，为了得到更实惠满意的服务，农民们自发成立合作社，合作社聘请专门作业人员，为各位社员开展有偿作业服务，年底的时候开开会、算算账，若盈余较多，还可以按照交易额多少来实施分红。这类自我服务型组织，其服务提供者和需求者都是同一类对象，因此，其聚接任务，主要在于分别聚集经营主体与服务任务，实现作业主体与服务任务的对接。

不管是哪种情况，都是将生产主体与服务主体作为聚接对象。社会化服务主体和合作社，都可以自己构建聚接平台，来对接服务对象和自己的作业人员。而对于另外一些企业来讲，还可以利用第三方服务平台，集聚所有服务主体，来为服务对象和服务主体提供对接服务。

⊙ **案例 17　烟叶生产服务合作社的服务对接**

我国烟叶种植基本集中在贫困山区，在很多烟区，烟叶产业是农民的主要收入来源。然而，因为留守在山区的农民，多数年龄较大，无法承担劳动强度较大或技术性较强的劳动。于是，在一些烟区，烟农自发组建烟叶生产服务合作社，在一些劳动强度大、技术性强的生产环节，以合作社的专业力量为烟农提供有偿作业服务。

贵州某乡镇有烟农300户，每户出资500元，凑成股金15万元，成立了一家"金叶合作社"，为300户烟农会员提供育苗、机耕、植保、烘烤、分级5个环节的烟叶生产作业服务。合作社按高于成本、低于市场价的标准向烟农会员收取作业服务费用，所得盈余的多数在每年年底按交易量返还给烟农。为规范管理，合作社组建了理事会、监事会，设立职业经理，由理事会聘请懂技术的青壮劳动力作为专业服务人员，负责生产作业操作。合作社统一服务规范、服务价格、验收标准，每次服务结束后，组织人员统一验收结算。每年年末，合作社清算收入，所有收入扣除各项成本、管理费用、设施设备维护费后，按10%提取公积金，形成可分配盈余。可分配盈余的20%作为股份红利分配、50%作为理事会管理人员奖励、30%用于专业作业人员的二次奖励（按照每个作业人员所提供的服务量比例计算）。

起初，在为烟农会员提供服务时，合作社遭遇到了第三方专业服务的共性问题。因为山区土地分布零碎，加之300户烟农在服务需求的对接上没有统一规划沟通，合作社所组建的专业服务队在县内9个乡镇来回奔波，运行成本居高不下，合作社和烟农在成本费用上都很不满意。合作社的利润捉襟见肘，在农机具购买上也时时为难。后来，合作社采用聚接经济模式，很好地解决了效率低的问题，大大降低了烟农会员所支付的服务费用。

一是对多数作业人员不再采取专职方式，而是实行季节性兼职、统一认证、就近服务的管理。在每个村寨认证数名技术好、能力强的农民，作为合作社的专业作业人员，并统一编号管理。作业人员就近服务的收入，统一由烟农交给合作社，合作社在收到烟农的满意度评价后，再返回给作业人员。对于作业人员的服务收入，合作社统一提取5%作为管理费。

二是建立合作社专业服务平台系统，烟农可以在手机APP上预订服务日期、地点和面积，合作社在互联网平台上公布服务预定信息，并就近指派作业人员开展专业服务。

三是将以往的购置农机具，转变为作业人员自带农机，减少了农机采购需求。合作社认证的作业人员，一般需要自带农机，如果作业人员没有农机，可以向合作社有偿租借。这样，大大减少了合作社的农机采购需求量。

通过这种聚接模式，该合作社将业务范围从本乡镇拓展到全县范围，因为作业成本的降低和服务效率的提高，合作社的服务能力和作业规模都有了大大提升。这其实就是农业生产服务领域中的一种滴滴打车模式，一端将散落于各村寨的种烟能手作为作业人员进行认证和统一管理，另一端整合千家万户烟农分散的专业服务需求，两端在互联网平台上进行对接，就大大降低了专业服务的内部交易成本（图 6-1）。

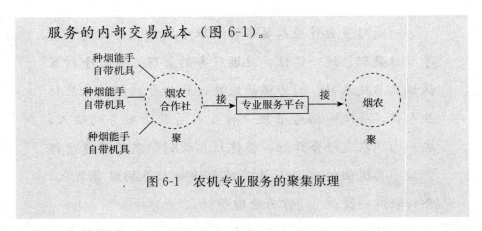

图 6-1　农机专业服务的聚集原理

设施维修服务——农机企业联盟降本

相对于城镇务工，农业种植的比较效益低下，于是，大量农民进入城镇务工，农村里的青壮劳动力越来越少，只有依靠农业机械化，才能解决农业生产的高技术、高强度问题。多年来，各地政府着力发展农机化，每年投入大量补贴经费，支持农民购买各类农机。即便是在农机化发展条件较差的山区，也极力推广适合山区条件的小型农机具应用，大量农民获得当地政府的农机购置补贴，千家万户农民的农机保有率持续提升。

然而，因为农机装备的生产厂家多，各厂家的品牌、机型、服务纷繁复杂，造成千家万户手中的农机数量多、品牌多、分布地域广。在农机具较为集中、专业化服务较为普遍的平原地区，厂家都会在当地建设维修保养中心，农机的维修似乎不成问题。而在农机具布局分散的山区农村，以供应商为单位的自组织维修，往往成本（主要涉及人员路途成本）较高，导致维修的及时性很差。如果某个农机厂家在某个地区有产品销售，但销售量不大，这种情况还要不要建设售后服务中心？如果设服务中心，厂家的人力资源成本摊销必定过大，甚至亏本；如果不设服务中心，又会导致当地农民不放心购买该厂家产品。对于每个农机企业来讲，这种两难矛盾普遍存在。

采用聚接经济的模式，可以很好地解决这一问题。依托互联网平台，引导众多农机厂家在线联盟，共建或者共用第三方售后服务队伍，在各地均匀布局农机维修服务力量，通过平台对接服务需求，实施线上线下相结合的农机维修服务。

➔ 案例 18 山地农机维修服务中心

我国农业设施装备领域的矛盾，十年前以数量缺口为主，而如今已悄然转变为利用效率问题。为解决单家农机企业的售后维修困境，"贵州山地维修服务中心"协调部分农机供应商，依托互联网平台的聚接优势，联合开展农机售后服务，大大降低各供应商的独立维修成本，提升了用户的满意度。这种"聚接"建设分4个步骤：

一是供应主体的组织集聚。"服务中心"联系协调贵州农机的各家供货商，召开多场次组织协商会议，构建"1+N"维修服务机制，确定由"服务中心"构建统一服务平台，线下配置流动综合服务车，实施线上线下相结合的统一维修服务，其中蕴含了对多家供应商的多方面统筹协调：统一维修服务规范、统一零配件价格、接洽调度维修需求、远程指导现场维修（图6-2）。各家供应商每年按照交易额的1.5％交纳服务费用，用于服务中心日常管理经费。各家企业为"服务中心"制定了"4321"工作内容：突出4项重点，即用户走访、产品推介、使用反馈、会员培训；开好3次会议，即，每年召开1次业务培训会、现场演示会、年度总结会；完成2本资料，即，每年完成1份汇总各供应商产品的介绍图册，1本涵及产品测试、使用情况、维修情况、改进意见的用户使用报告；维护1份关系，即，增进与各用户的良好商务关系。

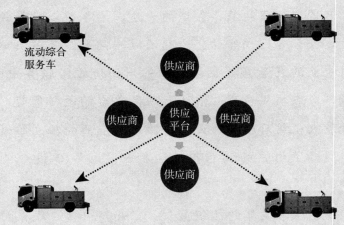

图6-2 农机维修服务中心的运营设计

二是农机保有的梳理归类。在农机维修的大体系中，一端是多家供应商的多种类型产品，其维修方法、配件、机制、成本不尽相同；另一端是千家万户农民用户的分散保有，其故障类型、维修时间、服务需求不尽相同。对千家万户农户所保有的各种农机产品进行梳理归类，再配以故障维修方法的梳理匹配，然后用聚接手段将这些装备和维修方法链接到互联网平台上，就能有效指导服务维修过程。

三是维修平台的设计建设。使用微信公众平台来设计整个应用的前台窗口，平台分三大菜单模块：故障比对、远程问诊、维修方法。在用户面临故障维修时，就可采取两种办法：一种办法是自修，用户自己通过平台匹配农机故障种类来确定维修方法，通过线上平台享受零配件的购买配送服务；另一种办法是他修，用户拨打服务中心电话，让中心远程协调线下流动综合服务车开展维修服务。

四是应用机制的设计。主要涉及维修服务的线上服务调配机制、线下流动服务机制、运行绩效评价机制等。

这种聚接，通过组建服务中心，统筹各供应商的维修服务任务，同时通过平台建设，搜集千家万户用户分散的维修服务需求，通过平台实现任务与需求两大集群的对接，真正节省交易成本，提升及时服务（图6-3）。

图6-3　农机维修服务中心的聚接原理

政策对接服务——帮助企业享受政府产业扶持

农业产业范围很广，涵盖生鲜交易、加工包装、主题专营、农资生产、环节外包、休闲观光、交易市场、电商平台、外贸期货等多个领域。同时，农业产业也是一项补贴多、扶持大的战略产业，享受政府多部门、多领域的密集扶持和强力补贴，政府每年给予的扶持补贴资金项目多达数百项。

以近几年的国家部委的补贴为例，农业部的补贴涉及国家农业产业化示范基地项目、开发性金融支持农产品加工业重点项目、扶持"菜篮子"产品生产项目（蔬菜、水果、畜牧、水产项目）、农业综合开发农业部专项（良种繁育、秸秆养畜、优势特色种养项目）、大中型沼气工程中央投资项目、产品产地初加工补助项目、农业机械购置补贴、农产品促销项目资金及种子工程植保工程储备项目、国家现代农业示范区旱涝保收标准农田示范项目等，发改委的补贴涉及现代农业示范项目、重点产业振兴和技术改造专项项目、资源节约与环境保护中央预算内投资备选项目、经贸领域中央投资项目、节能改造财政奖励备选项目、生猪标准化养殖场建设项目、奶牛标准化养殖场建设项目、生物质能综合利用示范项目、冷链物流和现代物流项目等，财政部的补贴涉及龙头企业带动产业发展和"一县一特"产业发展试点项目、农业综合开发农业产业化经营项目、农业综合开发林业专项、农业综合开发新型合作示范项目、农业综合开发土地治理项目、现代农业园区试点、中型灌区节水配套改造项目等，科技部的补贴涉及农业科技成果转化资金、中小企业技术创新基金现代农业领域项目、富民强县工程等，工信部有中小企业发展专项资金、国家中药材生产扶持等项目，能源局有绿色能源示范县建设补助资金等项目。此外，省、市、县各级地方政府的各级部门也分别设有各类扶农支农项目补贴。

然而，多数补贴资金被发改委、农委、扶贫办、科技、商务等诸多主管部门所分别掌握，而各部门之间的业务独立运作，加之农业企业的分散性，以至于对于各部门的补贴项目、申报要求和申报时间，许多企业并不十分清楚。这种错位之下，一方面是大量农业企业孤军作战、苦等扶持，另一方面，却是各部门手握大量补贴资金，苦于难找到符合要求的企业和项目。

➔ 案例 19 农业产业政策研究中心

为帮助各农业企业解决项目申报的信息对称问题，贵州智慧山地农业发展研究院成立了"贵州农业产业政策研究中心"，通过构建微信公众平台，聚集贵州各领域农业企业，同时从政府各部门争取人员支持，搭建政策信息专家队伍，实现线上线下相结合的政策研究推广。

首先是吸纳会员，组建中心。通过成立"贵州农业产业政策研究中心"，帮助会员企业解读政府各相关部门的产业发展政策，及时通报各部门的项目资金申报信息，以案例形式交流项目申报技巧，帮助会员企业"拓展视野、增加机会、提升能力"，并促进会员之间的商务合作。

其次是搭建平台，聚集用户。依托微信公众平台，搭建研究中心的专属工作平台，通过平台聚集会员和发布信息。平台设置政策解读、项目申报、合作交流三个菜单。其中"政策解读"用来详细介绍中央和各级政府的产业发展政策，"项目申报"用来发布各部门的项目支持和补贴信息，"合作交流"供各会员企业交流发展意愿，寻求合作商机。

再次是线下结合，对接服务。每月召开一次线下论坛，依托线上平台发布论坛信息，每次邀请不同部门人员作为政策解读和咨询的专家，同时邀请有申报经历的会员企业做经验交流。

这种"聚接"模式，一端是各农业企业的产业项目扶持需求，另一端是政府各部门的产业支持政策，通过微信公众平台对两端分别集聚，再加以线下活动的对接，完好地解决了政府产业扶持与企业发展需求之间的错位问题，有望提升政府产业扶持的对象精准度和资金使用效率（图6-4）。

图6-4 产业政策与被扶持企业之间的聚接关系

技术指导服务——节省技术培训成本

技术指导的聚接内涵，是打破师资队伍的专属性，将有限的专家资源以更为灵活的方式对接到技术培训和实践指导中去，解决传统技术指导效率不高、队伍不稳、成本较高的问题。

一个是平台化技术培训。不论是长期聘用员工，还是短期雇工，为使其工作合乎标准要求，企业都要对其进行培训。互联网时代，人们的就业和创业机会增多，员工的流动愈加频繁。有时候企业花了大量精力，好不容易培训了合格的员工，工作不到半年就辞职离开，另谋职业，致使企业培训投入付之东流。这种情况下，迫使企业必须寻找更为灵活、高效的培训方式，提高培训投入的投入产出效率。现实中，农业产业多以"公司＋基地＋农户"的方式开展原料生产，需聘用农民作为其雇工或订单户，也不可避免地面临农民培训的问题。传统的农民培训，是将农民组织起来，在会议室或田间进行专家讲解。这种模式下，农民往往会因为抽不出时间或不愿花费过多时间来专门学习，致使培训效果大打折扣。利用"互联网＋"的碎片化思维，可以将学习内容制作成基于多个碎片化主题的视频资料，上传于手机 APP，从而使农民利用碎片化时间来学习，节省培训成本和时间。同时研发基于智能终端的在线课堂、互动课堂和认证考试，可以实现农民培训的移动化、智能化。

另一个是远程化技术指导。病虫害是严重危害农业生产的自然灾害之一。据统计，我国农业生产每年发生病虫灾害面积约

2.36亿亩*，造成粮食损失15％左右。但是，农作物的病害、虫害有成百上千种，每一种的表现都不同，还有很多病虫害的外观特征很相似，农民很难全部熟悉掌握其症状和防治办法。传统上，农民遇到不能分辨的病虫害时，会寻求农业技术人员的现场帮助。但病虫害的蔓延速度很快，如果技术人员不能及时赶到现场诊断，防治不及时，几天时间内就会导致农田绝收。我国的农业种植分散，而技术员数量又严重不足，好在近些年人们利用互联网技术，开展远程专家诊断，解决了病虫害防治的及时有效性问题。远程诊断的意思，就是当农田发生病虫害时，农民将病虫害的特征和照片传至互联网平台，专家通过在线查看就可远程给出诊断防治指导，而不用亲临现场，从而提高了病虫诊断的及时性，节约了成本。农民通过电脑就能监测田里农作物的苗情、病情、虫情及墒情，再也不用跑来跑去。

➡ **案例20　烟叶远程技术指导专家系统建设与应用**

　　烟叶也是农作物的一种，也会面临大量的病害、虫害和草害。据统计，每年的病虫草害带来烟叶产质量损失都在15％以上。由于烟叶不是常规农作物，受烟叶市场波动影响，每年有大量的烟农进入或退出烟叶产业，这在一定程度上影响了烟农对病虫草害防治技术的掌握

---

　　*　亩为非法定计量单位，15亩＝1公顷。——编者注

程度。而烟叶种植面积大，种植分散，烟草企业每年都要安排大量的技术辅导员去田间地头实际指导烟农的病虫防治工作，带来高昂的人员成本。为提高病虫防治的技术指导效率，贵州当地的烟草公司开展了病虫防治的远程技术指导平台建设与推广应用。

在建设上遵循两大原则：一是有所为有所不为，烟叶技术涵盖的内容很多，如果每一项技术都搬到平台上，不但会让平台臃肿不堪、运行缓慢，还会降低使用的人性化程度，影响用户的使用积极性。二是边建边用边补。在素材搜集上，没有涵盖全面内容，每个方面的内容总会有多多少少的素材缺失，但很多素材的补充和完善，是一个长期的过程，如果非要等到所有素材都补充齐全了，再来开展平台建设的话，势必会大大延迟建设时间。

整个平台建设主要涉及三个方面的工作：

一是技术素材的梳理归类。搜集并梳理烟叶不同病害、虫害、草害的症状，对各种症状进行拍照，挑选典型图片，同时对症状进行精炼性的文字描述，对其防治措施进行精炼性介绍。对每种病虫草害的症状描述、图片介绍、防治措施进行一一匹配归类，作为平台建设的原始素材。

二是应用平台的设计建设。我们使用微信公众平台来设计整个应用的前台窗口，平台分三大菜单模块：症状比对、远程问诊、防治方法，分别对应两大功能应用。一个功能是自我应用。当烟农发现病虫草害时，可打开APP进行症状和照片比对，以判断病虫草害种类，用以对应查找防治办法。另一个功能是寻求帮助，如果自我比对不能解决问题，依然不能判断种类，就可以远程问诊，通过APP咨询线上专家，寻求种类判别和防治办法。对需要现场了解后才能答复的问题，由专家通过平台转告当地烟叶站，后者在限定期限内现场查看后解决。

三是应用机制的设计安排。远程技术指导所实行的，是当场答复与实地指导相结合、咨询与培训相结合、建网络与联基地相结合、坐堂接待与主动出巡相结合的统分结合机制，以满足广大烟农全方位、多层面的需求。这种机制下，必须明确三大问题：一是平台应答机制，二是专家组织机制，三是绩效评价机制。

这种聚接模式，一端是烟农病虫草害防治的分散化需求，另一端是技术专家的分散化指导力量，通过构建平台，汇总归类所有病虫草害防治技术，同时依托微信公众平台，分别聚集烟农用户和专家人群，实现需求与供给的对接，从而有效提升技术指导的效率和效果，降低技术指导的田间奔波成本，减少治疗时间耽误所造成的病情损失（图6-5）。

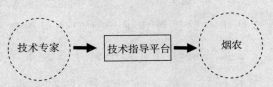

图6-5　远程技术指导服务的聚接原理

第 7 章

品质把控聚接

　　由于农产品大都是直接进入人体的，其安全性要求往往比其他商品（如衣服、家具等）要高得多。然而，在互联网平台上的买方并不了解卖方的农产品到底如何，即便卖方把商品图片、视频或文字资料做得非常详尽美观，也难以获得买家信任，这样一来，难免出现劣品驱逐良品的"逆向选择问题"。

　　农产品品质尤其是品质安全的把控，要从农业生产源头说起。从农药、肥料等农用物资的采购来看，对于多数农民而言，这些农资的生产过程都是陌生的，从外在看不出商品质量好坏，导致价格成为农民选择农资的主要标准。于是便带来农资市场的逆向选择，相对于高品质、降解性好的同类产品，品质低尤其是剧毒的农药、肥料反而更受农民欢迎，因为价格便宜、效果好。另一方面，在农资生产企业、经销商、农民三者之间，农民的力量最为薄弱，既没有市场谈判的能力，又缺少从其他方面搜索优质农资产品的途径。这种弱势地位必然会影响农民对提升产品质量、保障品质安全的积极性和责任心。多数农民考虑最多的是，如何以最低的成本，生产出最高的产量。至于内在品质，已经不是农民最关心的问题，因为农产品的品质好坏具备隐蔽性，无法从外观上评判。在这种囚徒困境之下，很多农户生产农产品时会区别设置"自留菜"和"市场菜"。

农产品的品质把控困境，也可从产业链角度来分析。一方面，农产品是由千家万户农民生产出来的，很难对每一家农户的生产过程进行把控；另一方面，农产品从生产到消费，中间经过了很多环节，很难对全过程进行跟踪。加之我国的农产品供给模式，多数都还没有实现以需定产，在品质需求上，消费者只有选择或不选择的权力，而缺少对品质改进提要求的能力。

聚接经济为农产品品质把控提供了一种新方法。首先，将产品消费从最后一公里转变为最初一公里，利用互联网平台集聚碎片化分布的消费者对农产品的品质需求，其次，互联网平台对碎片化分布的基地、企业、农户和产品实现集聚，最后，利用物联网技术对农产品生产过程开展标记追溯，采取快速检测技术对每批次产品开展品质检测，并以平台数据的形式实现信息实时共享。

就这样，一端集聚用户的个性品质需求和信息核实要求，另一端集聚产品生产和流通信息，依托专业互联网平台实现两端对接，解决品质把控尤其是消费者对品质安全的信任问题。这其中涉及几个重要问题，首先是"谁来检测"，涉及专业互联网平台的组织与运营机制，主要有对内服务、联盟标准、对接供需、过程指导几种模式；其次是"怎么检测"，主要涉及农产品品质在田间快速检测的系列技术应用；再次是"怎么把控"，主要涉及对产品生产过程的在线指标监测与实时改进技术的应用。

平台检测——让每家企业都有自己的实验室

品质检测是品质把控的基本手段。农产品品质检测是一项工作量很大的事情，为了节省操作时间和人工成本，一些仪器设备可以整合很多项品质指标，进行相对快速地检测，相应地，也往往价格昂贵。对于很多企业而言，独立地建设实验室，就面临着独立购买价格高昂的仪器设备和独立聘用检测人员，成本不菲。另一方面，对于多数的企业，每年的检测样品往往几个月的时间就能完成，导致其他时间里人员和设备的闲置。因此，品质检测的样品量达不到一定规模，检测成本就没法摊低。

聚接经济可以为多家企业、多项需求提供一个集聚解决的方案。

第一种方案，是共建平台。各家企业联合构建检测平台，共同出资，享受平台的对内服务。这种对内服务的聚接模式，与传统的众筹不同，各企业在享受检测的同时，可以通过平台享受检测数据的实时传输与大数据分析，并对敏感数据实施权限约束。多家企业共养一家检测实验室，显然可以降低成本，提升效率。同时，对于多家企业的常规数据，可以被平台分析挖掘规律，以往一些成本极高而又缺乏效果的工作，以及很多被人们忽视的产品价值被重新挖掘，为每家企业提供不可估量的新价值。

第二种方案，是对接供需。通过聚集各家检测机构与生产基地，构建品质检测与在线监测的第三方专业平台。通过该平台，各家质检机构可以在线开展品质检测，各家客户可以在线下单、查询结果和支付费用。平台为各家质检机构提供入驻资质审核、服务信息发布、检测订单管理、数据交换接口等服务，为基地客户提供在线下单、进度查询、报告下载、数据分析等服务。

➡ 案例 21 企业共建品质检测实验室

　　某地区共有大小 50 余家葡萄酒厂，在这些酿酒厂的带动下，发展出葡萄种植、葡萄酒酿制、葡萄酒物流等整条产业链。对于每批产品，各厂家都必须检测酒精度、糖分、酸度等主要品质指标。以往，都是各家厂家分别自己检测，或是将样品送往专业检测机构。后来，在几家酒厂的倡议下，所有酒厂联合购买先进仪器设备，聘请专业检测人员，建立了一个品质检测实验室。品质检测实验室筹建时，费用由各家酒厂以等额份子钱的形式垫付，实验室正常运行后，分期偿还借支的这笔启动经费，约定 5 年还清。之后，实验室以高于成本、低于市场的原则，制定好样品指标检测的价格，每家酒厂送样检测后，按照价格标准支付检测费用。实验室不但可以为各酒厂提供低价检测服务，还能微利原则赚取利润。各家酿酒厂不必再将样品送往别处，在自己的葡萄园中就能获知葡萄酒是否符合要求。

这类聚接模式，一端集聚各酒厂的产品检测意愿与投资能力，共建检测实验室；另一端集聚实验室社会化服务的检测市场，也就是各家酒厂，实现自我需求服务，其实质是一种节省成本、提高利用效率的共享经济形式（图7-1）。

图 7-1 共建实验室的聚接原理

案例 22 种子行业质量追溯平台

我国有 5 000 多家种子企业，每家企业有多家经销商。在每家企业的育种研发下，种子的品种数量也逐年增多。加之其他复杂因素，种子销售过程中仍存在未审先推、假冒套牌等不规范经营行为，增加了市场监管和农民用种风险。而对于种子质量的好坏，农民多是根据经销商的宣传和自己过去几年的试种经验来判断，其间良莠不齐、以次充好等问题多发。

为解决这些问题，农业部推出了全国种子可追溯试点查询平台，为农民和种子企业提供种子产品的品质查询服务。农民不再需要惴惴不安地购种，或是花土地、时间和资金投入去验证种子真伪优劣。通过网上平台，可以查询所购种子的品种情况、包装信息、制种基地、加工地等各种信息。一方面让老百姓放心购种，快捷方便地了解种子的来龙去脉，另一方面也为公司进行定点售后服务技术指导提供了平台。

种业全程可追溯的目标，是种子企业与农民之间的双向追溯。相对而言，农民对种子生产、流通的追溯还较容易，但种子企业要想追溯种子的去向，就比较难了，因为在传统分销模式下，经销商不乐于与种子企业分享购种者信息。而利用平台的直接对接，可以有效解决双向追溯问题，帮助种子企业收集购种者信息，同时通过减少各级代理商的"盘剥"，有效降低农民的购种成本。

这种围绕品质把控的聚接模式，一端聚集种子企业的产品品质信息，另一端聚集农民的品质了解需求，两端的对接，还能减少中间商的经销环节，降低交易成本（图 7-2）。

图 7-2　种子质量可追溯查询的聚接关系

盟约标准——提升消费者信任度

我国农产品市场的一个重大痛点，在于缺少对品质安全的信任度。虽然很多产品都有有机、绿色、或是无公害的认证标识，但面对产品实际流通的黑匣子，许多消费者并不买账。有些产品的基地虽然经过第三方机构认证，但受限于人力和财力，第三方机构并不能对该基地上市的每件产品都进行流通监督，如果基地"狸猫换太子"，以非认证产品来冒充基地产品，消费者也无从知晓。显然，品质安全问题，重点已经不在技术本身，而在于如何贯彻一种透明的商业模式，提升消费者信任度。

盟约标准，就是通过建立联盟，设置共同遵守的标准，来约束会员的产品生产和供应。联盟方式是提升约束力的有效手段，为提升公信力，这种联盟最好是行业领域的企业巨头来牵头，依托联盟共同构建产品质量标准和严厉的监督惩罚机制。

这种基于集聚经济的联盟约束，一般有三大通行手段：

一是集聚会员。借用物联网技术，将有意愿的基地和企业集聚成盟，对联盟内的基地安装感应设备，动态采集基地环境和产品流通信息，供平台线上分析和用户线上查阅。

二是建立标准。共同协商制定生产技术和产品质量标准，向每家会员收取品质承诺金，约定违约的惩罚机制，并制定分歧裁决办法。

三是构建平台。以第三方或联盟众筹为主体，整体开发和实施农产品质量安全监测、质量追溯、风险预警评估、质量安全合作等信息系统，负责上传、分析和查阅基地、企业、用户三方主体的信息，针对基地，主要是设置感应装置采集基地信息；针对企业，主要是产品流通的动态品质信息；针对用户，主要是消费反馈信息。

四是对接用户。在互联网平台的另一端，吸引消费者线上查阅产品质量和流通状况，实现用户集聚。

通过各信息系统对信息的分析和监测，实现对联盟基地的品质监测和指标限制，以联盟的约束方式推进农产品品质安全信用建设。当然，信任的构建是一个长期的过程，而且，信任构建难，毁掉却很容易，一次不守约，就可能会毁掉整个联盟长期构建起来的信任。因此，严厉的惩罚是整个机制的关键，如果联盟中的产品出现任何违反约定或不达标准的问题，对应企业一定要承受相应代价，只有这样才能增强用户信任。

➔ 案例 23　生鲜行业标准联盟

生鲜配送产业是伴随移动互联网发展的一个新兴产业，主要是以 B2C 的形式，用户在互联网平台下单，商家配送产品到户。但经过近几年的试水，多数生鲜企业运营艰难，行业并没有想象中那么美。一些企业刚开始运营时，还能集聚一批用户，销售态势较好，但随着规模的扩大，往往就会出现商品品质不稳定的问题，有的甚至出现品质安全事故，导致用户信任度下降，丢失市场。因此，商品品质依旧是生鲜行业的核心。但用户并不具备生鲜产品品质检测的能力，他们也不想费工费时地每天自己检测产品，最理想的办法，是能够有一个公信度比较高的组织，为用户提供产品品质信息和维权服务。

"天猫生鲜"是一个经营生鲜农产品的超级大平台，拥有超过 1 亿的高端消费人群，更因此成为生鲜品牌产品的供货中心。2015 年，有约 70 个国家的生鲜陆续在天猫上首发，25 个国家和地区、近百家生鲜协会和政府机构与天猫建立战略合作协议。围绕产品品质保障和消费者信任提升问题，天猫采取了盟约标准的方法。2016 年，由"天猫生鲜"牵头，中国果品流通协会、中国水产流通与加工协会、中国肉类协会、中国蔬菜协会等协会、相关检测机构和生鲜龙头企业共同成立"生鲜行业标准联盟"，旨在通过实施生鲜农产品供应的全流程标准化，提升生鲜产品品质和信任度。这种标准，是以消费者需求和评价来约定，联合行业协会、检验机构、平台商家和产业链上游企业，从种植的源头推动生鲜分等分级，对各项品质指标实行量化。同时，联盟引入产品追溯体系，各家企业通过信息化手段，告知用户所购产品的来龙去脉，包括原产地、农药施用情况、流通情况等信息。依托这种联盟标准，"天猫生鲜"进一步提升用户服务，网购生鲜不满意，可享受"极速退款"。

消费者对单家独户企业守约的信任度，往往不如多家企业尤其是多家大企业牵头的盟约高，因此，"天猫生鲜"牵头构建盟约标准，推动平台、商家、协会、检测机构等多方联动，从产品生产源头推动生鲜标准化和分等分级制度，将生鲜品质进行量化，同时引入产品追溯体系的建设，最后面向消费者确定服务标准化，提升用户信任度。这一过程中，其他中小商家和相关机构都可按规则参与这一盟约规则，提升自己产品的质量信誉度。

这种盟约标准的聚接，一端是通过龙头企业牵头，构建品质标准联盟，另一端集聚用户，实现消费者对产品的信息查阅，两端对接，提升消费者对联盟产品的整体信任度。不符合盟约标准的产品和企业，就会被联盟以淘汰出局或经济惩罚的方式，付出代价（图7-3）。

图 7-3　生鲜行业标准联盟的聚接关系

过程指导——以检测改善产品品质

品质把控的关键，在于通过品质检测和在线监测，实时反馈和改进生产过程，提升农产品品质合格率。但一直以来，对农产品的质量检测，要么是"产品送样检测"，要么是"上门抽样检测"，不管哪种方式，都是对农产品上市前的成品检测，是一种基于结果的检测，只能评判结果是好或者差，而不能改变产品本身，一旦发现产品质量问题，可能同一批次产品均有同类质量问题，让企业最终也无法避免损失。同时，基于结果的品质检测，其工作量也是巨大的，多次的抽样、采样、送样、检测，让企业频繁奔波于基地与检测机构之间，增加了基地负担。

因此，品质把控的关键应该是基于生产过程，监督和指导生产过程。在生产过程中，动态发现异常指标数据，随之实施针对性的处理，在产品上市前让各项指标达到要求，这才是品质控制的终极目的。

要实现这种对农产品生产的过程检测与生产指导，必须满足三个条件：

一是对生产过程中农产品品质的快速检测，这种快速检测更多是在田间地头来完成，因此，技术上要求操作简单、成本低廉。

二是对过程检测数据的在线传输与实时监测，因为检测工作发生在田间地头，要求有互联网信息的快速传输。

三是对监测数据的实时分析与异常报警，要对检测数据开展大数据分析，并实时发现异常指标，及时报警，以便于采取针对性生产措施。

➔ 案例 24 蔬菜农残的流动检测和线上监测

人们对蔬菜品质安全最关注的问题，莫过于农药超标。很多经营蔬菜的生鲜企业起初经营得很好，后来随着规模的扩大，不得不增加采购基地和订单农户，而采购对象多了之后，就很难控制每批蔬菜的品质。只要出现一例严重的品质问题，整个企业的信誉度就会受到很坏的影响，很多农产品生鲜企业就是这样倒下的。

在订单采购点多面广的情况下，只是依靠样品送检，是很难真正把控品质安全的。蔬菜采摘后如果不合格，不但会造成浪费，减少农民收入，还可能引起企业与订单农户之间的矛盾，造成不稳定事件。

为此，某蔬菜企业开发了一项田间农残快速检测技术，在每家订单农户采收蔬菜的前一天，让农民带着企业开发的快速检测试剂盒（酶联免疫法），到田间检测农残。田间检测过程非常简单方便，多数农民培训一次即可掌握。每次检测只需花费 10 余分钟，一次可同时检测 10 余项农残指标。检测结果会在试剂盒上以颜色显示，绿色表明农残合格，红色表示农残超标。企业同时开发了农残在线监测平台，农民安装并打开手机APP，将田间的检测结果进行手机扫描后，即可实时传输至企业在线平台。随着检测结果一同传输的，是种植土地的地理位置。经田间快速检测，如果蔬菜农残超标，农民就需要推迟一周再采收，且采收的前一天仍需检测。在这一周内，残留在蔬菜中的农药会随着蔬菜的生长不断被降解，当降解到安全值以内，就可采摘食用了。

在订单农户分散生产的状况下，这种聚接模式通过将事后样品检测转变为生产过程监测，让检测数据能够指导生产操作，同时将线下零散样品检测转变为线上数据实时监测，控制违规生产行为，在规避浪费和社会矛盾的基础上保证了企业采购农产品的品质安全。其实质是一个线上线下相结合的统筹机制，一方面线下开展快速检测，同时将数据实时传输至产品质量信息查询平台；另一方面通过平台在线分析数据，发现异常实时报警，确保将超限指标解决在生产过程中（图7-4）。

图 7-4　线下检测与线上监测的聚接原理

第 8 章
创新研发聚接

　　企业传统的创新模式是封闭式创新，该模式从创意产生，到产品研制，再到产品销售并实现商业化，都是在企业内部完成。封闭式创新的实质是封闭的资金供给与有限研发力量的结合，其目的是保证技术保密、技术独享，进而在竞争中保持领先和垄断地位。

　　随着创新节奏的加快，许多产品的生命周期不断缩短。如今的商业竞争，不只是"大鱼吃小鱼"，更是"快鱼吃慢鱼"，这种态势下，封闭式的自主创新模式显得不合时宜，因为那不但有技术资源限制，还会耗费企业很长时间。在封闭创新的模式下，可能一项新技术还没来得及商业化，就已经被日新月异的市场变化所淘汰。作为著名社交网站的 MySpace，曾经是 FaceBook 的前辈，2007 年，FaceBook 采用开放政策，引入第三方开发应用程序，而 MySpace 的所有程序依旧坚持自我开发。几年下来，MySpace 的访问量不足 2000 万人，而 FaceBook 则已拥有 7 亿用户。在这种商业竞争环境下，企业要想提升竞争力，就必须以更快的速度来开展产品和技术创新，这对很多企业来讲是很困难的，因为多数企业不具备这样的人才、装备和资金实力。

聚接创新是解决资源不足难题的有效办法。这是一种以产业链为载体的纵向合作模式，上下游企业（包括供应商、分销商、零售商在内）以资源共享或优势互补为前提，在技术创新的全过程或某些环节共享信息、共同投入、共担风险，促使单家企业可以充分整合外部研发资源，打通产业链和创新链，实现发明创造、专利确权、资本筛选、生产制造、全球营销。这种聚接创新应该有明确的合作目标、合作期限和合作规则。

在聚接创新组织体系下，各方企业共担研究开发成本、缩短新产品开发周期、分散开发风险，可以实现技术快速有效转移和进入新的市场。

一是促进资源共享，降低创新成本。聚接创新体系中，单家企业可以借助上、下游合作伙伴的经验技术，扬长避短。而同一种资源在多个创新主体之间的重复使用，又可以避免重复投资和资源浪费，降低单家企业开展创新的成本投入。

二是实现分工联动，缩短创新周期。聚接组织中的各家企业成员分处不同环节，在聚接创新的任务分派中，他们往往会将创新任务分解为若干环节，将每个环节分工给在这一方面最具备优势条件的企业，从而使每件创新任务的开展都能扬长避短，这样做可以有效缩短创新时间。在当前产品和技术生命周期日益缩短的大趋势下，聚接创新对创新周期的缩短意义重大。

三是弥补薄弱环节，提升创新效果。传统的创新活动中，有些创新技术因为缺少关联主体的参与，往往出现成本高、应用难、不适用等问题。聚接创新是基于产业链全局的合作模式，这种模式可以促进创新组织中投入能力、配置能力、支撑能力、产出能力在各链环中的均衡配置，避免某一环节因开发不足、开发盲区而成为制约整个产业发展的瓶颈。

从分工来看，上下游企业在聚接创新组织中承担的作用往往不同。上游企业处在研发环节，一般承担技术创新，是技术的供给方；中游企业处在生产加工环节，一般承担产品创新，负责将上游的创新成果应用到产品中去；下游企业处在销售环节，一般承担营销创新，负责将创新产品传达给消费终端。因为整个聚接系统是开发共享的，不管是技术创新、产品创新还是营销创新，都可以推动或者演化为整条产业链的创新乃至整个聚接创新系统的创新。

从动力来看，聚接创新的动力往往有两种，一种是创新技术的推动力，另一种是创新需求的拉动力。聚接创新系统中的技术推动力，一般来源于产业链上游企业的基础技术研发环节。上游企业开发一项新技术，不但可以推动其他环节企业的创新，延长技术生命周期，还可以创造需求。这种由产业链源头的技术推动力产生的技术创新，使创新活动不断从产业链的起始端扩散到聚接创新系统的内部，以链条式向后延伸，到达中下游环节，最后到达终端用户，提升终端用户的需求满意度。聚接创新系统中的需求拉动力，指的是创新的需求导向，是从终端用户的需求分析入手，对用户需求变化做出快速响应，提供相应的产品和服务。需求导向不但为下游企业提出创新目标，还对中上游企业传递创新动力，从而带动整条产业链的系统创新活力。

聚接创新中，既存在合作中竞争的纵向对接关系，又存在竞争中合作的横向竞合关系。纵向对接关系中，产业链上下游各创新主体对聚接创新主导权的争夺，可以实现链内各环节的群体竞争优势；横向竞合关系中，为争取市场份额和链内生存权的竞争，可以强化各链环的个体竞争优势。有时候，上下游的企业也会出现不同的利益动机，导致它们在聚接合作中出现不同的创新倾向，这是聚接创新需要解决的关键问题。

区域联合创新——就近整合创新资源

以区域为单位的创新聚接，是在一定地理区域范围内，开展人、才、物的集约创新，好处在于，在一定区域范围内，人员的交流更加高效，对设施、设备、场地的集约利用更加方便，有利于提高创新人才、研发设备、实验室的利用效率。但是，因为每一个产业在特定区域内的企业主体数量有限，要实现创新聚接，更大的空间在于整合不同行业的共性创新需求，实现跨行业的需求与创新资源的聚接。

➲ 案例 25　基于区域整合的创新聚集——京津冀科技创新公共服务平台

农业产业的技术难题，往往涉及面广、因素复杂，需要多个学科、多方力量的合作攻关。现有的农业科技机构和队伍，应该说各有优势，如果能够将基地、设施、设备聚合使用，再加以科研人员的联合攻关，就能很大程度地提高协同创新的效率。为此，北京经济技术开发区建设了"京津冀科技创新公共服务平台"，该平台以政策、投融资、科技创新、人才、经营管理、技术平台、园区服务、资信服务8个方面为主题，为京津冀企业提供服务。相应地，在线下建立了创新服务大厦，以税收减免优惠引导符合条件的企业入驻。这项科技创新平台服务重点建设内容概括为"1488"：即1个综合服务平台，4大服务频道（创业服务、企业服务、政策服务、三地生活），8大类创业服务主题（找空间、开公司、组团队、做产品、找天使、做推广、找融资和询政策），8大类企业服务（政策、金融服务、融资服务、科技创新、技术平台、人才服务、经营管理、园区服务）。目前，该平台已对接4大类262项服务资源。今后，平台还将持续对接京津冀更多园区服务、金融服务、技术服务、社会服务、政策与资金申报服务、创业服务以及其他各类服务机构的服务资源，为京津冀企业提供"低成本、管家式"的服务。

这类聚接，是以区域为单位，一方面将邻近地区的人才、政策进行汇集，另一方面集聚企业需求，通过平台服务，将两者对接，更好地满足当地企业对人才、政策的需求（图 8-1）。

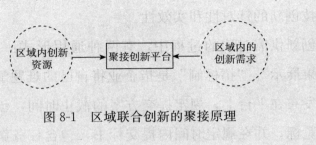

图 8-1　区域联合创新的聚接原理

创新服务对接——企业创新的第三方服务

这里所提的服务，特指针对于解决现实问题的科技创新服务。每家企业在生产、经营、管理中都会存在一些限制效率提高的难题，但并非每家企业都具备自我解决难题的力量，又或者对于一些难题，企业以一己之力的创新研究实施起来并不划算。于是，有些企业就会寻求第三方科研机构的帮助。第三方机构因为专注于研究创新，其设备、人才、经验方面的集约利用，可以降低研究过程本身的成本，从而使研究创新更加高效。然而，第三方机构有很多，他们在学科、经验、经历方面的特长都不同。那么，一端是众多的科研创新机构和人才，一端是众多的企业发展难题，如何让这两端实现高效对接呢？基于创新服务的供需聚接就是为了解决这类问题。

通过互利网平台的聚接，一端集聚创新机构和人才，另一端集聚企业难题和创新需求，实现创新资源与企业之间在更大范围的全方位互动。科技创新的需求由企业、合作社、农民等经营主体提出，通过平台上发布，在互联网平台的资源匹配下，在全国

甚至全世界范围内的人都可以通过网络提供解决思路,组织有解决能力的科技创新机构和人才来对接,从而打破原有地域界限,提升科技创新的针对性和实效性。

在创新供需对接的过程中,有两种通用形式:"需求招标"和"成果展示"。"招标制"是指企业将自己的难题解决需求或创新任务发布在平台上,规定提交方案的截止时间,创新者决定是否参加竞标,并在规定时间内提交标书,包含任务解决方案、任务报价、创新者能力证明等内容,企业挑选最符合要求的创新者来承接任务,并在成果验收后按标书中报价支付酬劳。"成果展示"是科技创新人员将自己的创新成果在平台上进行展示,包括成果应用领域、解决的主要问题、创新价值、成果价格等,吸引有兴趣的企业或需求方来购买。

> **⊙ 案例 26 基于对接服务的创新聚接——互联网协同创新平台**
>
> 为打破创新需求与技术供给不对称的局面,解决研发成果与市场需求不匹配的问题,"丰景网"通过打造农业科技领域专业的科企对接平台,围绕农业科技成果转化开发了一条资源高效配置的新模式。
>
> 一是集聚创新资源与企业需求,平台建立了企业、专家、科研院所、企业需求、技术成果五大数据库,集聚了120多家农业科研院所、5 100多位农业专家和8 600

多家农业龙头企业，促进多方服务对接。

二是对接现有创新成果与技术需求，平台收集了1 400多项科技创新成果与近千项技术需求，为两者对接提供服务。

三是开展"网络平台＋展会＋创新基地"的运营模式，通过线上线下相结合的方式，解决农产品加工领域中存在的信息不对称问题。

四是拓展线下技术交易活动，承办大型国家级行业盛会，2015年12月主办"全国农产品加工科技创新与推广活动暨农产品加工技术成果交易会"，展会期间就有1 181名专家上网注册认证，发布技术成果1 259项。企业网上注册3 200多家，发布了600多项技术需求，84家企业与科研院校达成合作意向，涉及技术项目总值近3亿元。

这种聚接模式，实质上是技术难题悬赏招标与知识产权交易的结合，通过构建互联网平台，一端集聚企业难题需求，另一方面集聚创新资源和人才，两者的直接对接，减少了难题需求与创新资源之间的互找成本（图8-2）。

图8-2　创新服务对接的聚接原理

行业联合推动——针对共性难题集中攻关

基于具体产业的聚接创新，与基于区域的创新之间，是一定程度上的对立。区域范围内的聚接创新，意味着多项产业之间的横向合作，而产业主线上的聚接创新，则强调同一个产业中的企业同行之间开展的合作创新。基于产业的创新聚接，好处在于，创新合作的主体都是同行企业，他们在合作创新方面更加有共性，对于创新的内容也更加熟悉，合作方面的分工就可以更加细致，这样有利于创新的深度。当然，这种类型的合作也有障碍，就是同行企业之间存在较大的市场竞争，这会导致合作企业之间在资源要素的贡献上都会有所保留。

➡ **案例27　农业物联网产业技术创新战略联盟**

互联网实现了万物相连。其中，对人和人之间的联系是通过手机，而对物与物之间、人与物之间的联系，则是通过物联网。字面理解，"物联网"就是使物体和物体相联结的网络体系。这种联结，是通过将物品的位置、状态等相关信息数据化，再依托信息传感设备将这些数据实时上传至互联网，实现对物品的智能化识别、地理位置确定、寻觅踪迹、监视控制等管理。比如，你在汽车里安装一个定位系统，然后接入互联网，就能随时知道你的汽车的运行状态和具体位置，这里所应用的就是物联网，而定位系统的一个核心部件就是感应器。

近年来，农业物联网发展迅速。传统农业都是依靠劳动者本人的经验型管理，这对农民的专业技术和管理的要求非常高，农业生产费心费力。而通过物联网技术，集感知、传输、控制、作业为一体，实现农业的高度智能化生产，既能节省人力，也可提高品质标准化。其核心在于，以设备的自动化决策替代人工的精细管理。比如，在水稻种植中，需要经常性的灌溉，传统的灌溉管理都是农民自己去现场检查田间水位情况，水位低时放水入田，这种情况下，农民不得不每几天就下地一次。而采用物联网智能灌溉控制系统，就可免去农民的繁琐管理之苦，通过在田间安装水位传感器，可以实时自动检测水层深度，在水位不足时，系统会发出决策指令，自动实施稻田的自动灌溉。又比如，在养鸡场，需要掌握鸡舍的温度、湿度和鸡的生长情况，通过智能管理系统，使用一台电脑、一部手机，坐在家中就可实时管理鸡舍，手机屏幕上显示鸡舍的环境状况和鸡的健康状态，只需按个按钮，就可给鸡舍通风换气、上料进食。

然而，物联网毕竟是一项新兴技术，其技术本身尚需深度挖掘，与农业智能化的高效结合更是一个深奥课题。但这些年，随着城镇化发展，我国农村劳动力的逐年减少，传统的农业经营方式更是不为农二代、农三代所接受，解决农业智能化的问题变得日益迫切。这种形势背景下，北京农业信息技术研究中心牵头，联合全国范围内的45家相关领域的龙头企业、重点大学和科研院所，共同组建农业物联网产业技术创新战略联盟，围绕农业物联网技术研究与应用，开展联合创新，攻关核心技术，培育相关产业，联盟全面覆盖了农业物联网领域的纵向创新链条与横向产业领域。

联盟构建了自己的农业物联网专业平台，所有联盟会员依托平台开展对接合作、难题交流、成果借鉴。专业平台提供的合作内容包括：①围绕产业核心技术联合攻关，重点突破农业专用传感器、农业传感网、农业云计算、农业云服务等重大共性关键技术，开发具有自主知识产权的实用软件和硬件技术产品，奠定物联网农业应用的技术基础。②探索产业技术集成应用模式，开展物联网技术在农业资源利用、农业生态环境监测、特色农牧业精细生产管理、农机作业导航与调度、农产品、食品安全溯源等领域的集成应用，构建中国智慧农业系统。③培育相关新兴产业。建立农业物联网研发基地、物联网产业化中试基地，建立物联网核心技术产品生产线，培育和壮大一批农业物联网相关企业，促进物联网技术产业化。

这种类型的创新聚接，就是紧紧围绕农业物联网这个细分产业，集聚相关领域的产学研机构与资源，联合开展大兵团攻关，通过汇集单一产业链条上不同环节的各种资源，一端集聚下游应用主体，也就是企业；另一端集聚上游创新资源，也就是研究机构和人才，两端对接，实现问题需求导向下的资源高效配置，提升创新效果并促进成果应用（图 8-3）。

图 8-3　行业联合推动创新的聚接原理

企业开放创新——单家企业主导的"一对多"创新平台

涉及知识产权的归属和竞争力转化问题，多数企业的创新研发工作都是独立开展的。互联网＋时代的到来，把所有人都拉到同一起跑线上，让创新成为唯一生存战略。很明显，聚接是一种"弯道超车"的高效合作创新模式，这种合作模式，既可以是多家企业、多项任务对多个机构、多方人才的"多对多"方式，也可以是以一家企业的创新任务为核心，聚接多方人才的"一对多"方式。由单家企业主导的"一对多"方式，权且称之为"企业开放式聚接创新"，是指企业围绕自己的创新需求，依托自身的核心资源，构建开放性的创新任务对接平台，让外部资源了解企业创新需求，为企业提供市场化创新成果。

这种开放式聚接有三大特点：一是问题聚焦，以单家企业的创新需求为核心。二是主体明确，都是由企业来主导构建开放式创新平台，内部和外部创新人才积极参与。三是市场化合作，外部人才所提供的创新成果，可以市场化方式卖给企业，又或是企业抛出问题，出资资助外部机构和人才来开展创新，知识产权归企业所有或双方共有。

过去，有不少企业因为技术创新而一夜成名，但随着行业整体技术水平的发展，企业原有的创新红利丧失殆尽，很多企业甚至因为创新惰性和技术路径的依赖，遭遇创新天花板。这个时候，企业就需要注入新鲜创新思维和资源，以获得更加开放的视野。然而，任何企业都不可能掌握所有创新资源，而信息收集和学习成本又居高不下。通过互联网平台实施内外结合的开放式研发创新，可以为企业持续创新发展提供"绿色快速通道"，克服企业独立创新中面临的人才缺乏、手段单一、思维惯性等顽固。不仅能够为企业节省人力、财力和时间成本，还能以更快的速度同时取得"质"和"量"的优势。目前，这种方式在互联网、通信服务等领域已有较多运用，英特尔、海尔、华为等制造型企业也开始尝试开放式平台创新，纷纷形成了国际化的创新联盟。

开放式平台开展的聚接创新模式，还会带来对市场的更加精准性响应。受限于认知能力，单家企业的思维惯性，往往会使创新偏离市场真实需求，而外部的创新资源，会更加贴近市场，更加熟悉市场变化趋势。当年，面对智能手机的来临，诺基亚依然执迷于封闭的塞班操作系统，而谷歌推出的 Android 平台，以开放式姿态吸引多家同行加盟，突破单个企业的研发瓶颈效应，以每年 615％的速度高速成长，短短 3 年间就从一个无名小辈变成了一方霸主。2001 年，中国移动公司引入服务提供商（SP），构建了一个开放的移动网络平台，引得各种类型的合作公司蜂拥上门，在祝福短信、彩铃业务、手机互联网等各个层面满足了市场需求，到 2009 年，中国移动全年短消息使用量超过 6 800 亿条，是平台开放前的 1 500 倍。

➲ 案例 28　宝洁公司"联系与开发部"对农业企业的借鉴

农业企业中，尚没有发现关于"一对多"的开放式聚接创新案例。因此，这里介绍宝洁公司的创新案例，以供思路借鉴。

20 世纪 90 年代末，宝洁面临消减成本与提升研发水平的两难境地，要么是投入更多成本来重塑研发部门，提升技术水平，要么是减少研发投入，提升利润水平。最终，公司还是选择了前者，但同时也着手改革提升研发效率。2000 年，企业将"研发部"改名为"联系与开发部"，将传统的闭门独立研发改造为开放式研发，以内部加外部的联合之力，联合攻关关键技术。在一家网络公司 Nine-Sigma 的帮助下，大量外部研究人员与"宝洁"开展合作，通过专业的技术信息平台，收集技术创新问题，发帖提出技术问题，向世界各地的研究人员征求各种建议性的解决方案。同时通过平台寻找发现技术成果，以市场化形式购买专利技术。企业专门建立了一个"创新网"，设立各类技术专区，供内部研发、设计、市场、采购等部门的人员交流。为满足开放式在线创新需求，企业专门设置了"外部创新主管"职位，建立"创新侦察员"队伍，这支队伍的主要工作就是在各类网站搜索对企业发展有利的各类技术成果和专家队伍。2007年，企业还创建了"C&D"开放式在线创新平台的英语网站，供全世界专业人员浏览企业的问题需求，外部研究人员所提交的各类问题解决方案，经过宝洁专业人员的初筛及复审后，可在8周内获得回复。网站提出："如果你正在寻找获得许可使用宝洁的商标、技术等其他创新资产的机会，登录这个网站，很可能就会找到和宝洁合作的商机，将共同的生意做到世界各地"。网站开通3个月，注册访问量就已超过2万，收集创新方案129个。在实施"一对多"的开放式创新之初，宝洁大约有20%的创意、产品和技术来自外部，而现在，这一比例已提高到55%。通过开放式创新，公司的研发能力提高了近60%，创新成功率提高两倍多，而创新成本却下降了20%。曾经暮气沉沉的宝洁公司如今成为了全球最具创新能力的企业之一。

这种以单家企业为主导的"一对多"的开放式聚接创新，可以打破企业闭门创新的围墙，一端集聚各类研究机构和人才，不为所有，但为所用，另一端集聚企业自身的问题和需求，内外合作，联合攻关，通过两端对接，既可以拓宽思路，提升创新效率，又可以节省创新成本，让企业创新产品更加贴近用户（图 8-4）。

图 8-4　企业开放创新平台的聚接原理

第 9 章

市场品牌聚接

　　品牌是产品名称、标记、符号等要素的组合，其实质是与同类产品形成的差异特色。近年，我国农产品品牌从无到有、从少到多，呈井喷状暴发，但整体上数量过多，规模太小，市场影响力偏低。

　　即使是互联网平台上的品牌建设，也面临与传统品牌营销同样的困境。理论上，互利网平台比传统线下方式具有更高的品牌打造优势：首先，利用平台间的链接技术，方便从其他平台引入流量，产品营销成本更低；其次，利用多方互联网软件，可以实现社交、文娱、营销多领域互动，更容易讲好产品故事；再次，利用二维码等追溯技术，方便塑造透明的产品供应链体系，更容易提升产品信任度。正是因为这些优势，各级政府高度重视电商对带动农产品出山和带动农村就业的多重作用，协同阿里、京东、苏宁、邮政、电信等企业，进入农村大量发展电商平台，打造了形形色色的电商平台。虽然不少农产品依托电商平台尝到了销售甜头，但电商的飞速发展，也出现了同质化的混乱竞争局面。多数电商建设缺乏特色，平台购物"千网一面"，同质化问题严重，导致竞争无序，亏损经营，目前国内农产品电商平台接近 5 000 家，但绝大多数不营利或运营艰难。很多平台的农产品标准化不一，品种较多，复杂多样，农药残留、激素残留等不安全因素还大量存在，"三品一标"产品数量及其比例较低。其结果，每一个平台上都有海量的产品，每一种产品都有自己的品牌，每一个品牌都进驻大量不同的电商平台，每一个品牌都无法做大做强，大量平台给用户的印象，就是品牌杂乱，产品拼凑，缺少信任度。许多农产品电商在品牌建设上方法不多，一味地依托风险投资基金、私募基金等手段融资，然后大肆烧钱赚眼球，自建物流和物流园区，超低价疲劳促销、一旦融资来的"钱烧完了"，危机也就来了。

因此，不论是线上还是线下，农产品品牌建设的重要任务，都是整合杂乱品牌。毕竟，在大众化明显、竞争激烈的农产品市场品牌格局中，作为集群品牌中的一员开展市场拓展，远比一个企业孤独地面对竞争要强得多。

传统的品牌整合，一般有两条途径：一是以企业为主导开展的同行企业兼并重组，在部分企业的牵头协调下，同行企业完全按照市场化方式运作，兼并联合，形成集群品牌；二是以政府或行业协会为主导开展的区域品牌整合，通过企业自主联合，规范标准，形成集群品牌。整合后的品牌，不只为特定企业专用，而是集群企业所共有。以福建"沙县小吃"为例，就是将全县的小吃品牌全部整合，数万家小吃店使用同一品牌开

展经营。围绕"沙县小吃"品牌，规定了共同的产品生产、制作工艺、操作要求、品质标准，所有经营业主都要到品牌培训中心培训。

以行政力量主导的品牌集群，往往受限于同一区域内的企业和品牌，这种以区域为界线开展的品牌整合，往往遭遇企业规模参差不齐、产品整体实力不强的尴尬，很多区域即便是品牌整合后，也难以真正打响集群品牌。以行业协会主导的品牌集群，往往又造成平分市场的局面，难以体现不同实力企业的竞争力，不为企业所拥戴。而聚接模式的妙处，在于通过互联网平台的集聚作用，以同类产品更细分、更突出的个性特色为主线，一端集聚企业产品和品牌，另一端集聚共性市场和用户，从而突破传统品牌整合的局限，以更广阔的地域合作、更自主的自愿组合和更明显的产品个性，来实现品牌聚接。

为兼顾品牌影响力和产品个性，品牌聚接往往采取母子品牌模式，以聚接品牌为母品牌，各企业产品品牌为子品牌，通过共用的聚接品牌来推动企业品牌和产品品牌的发展。

横向品牌聚合——同行企业的共用品牌

由于生态环境、农耕习惯、历史人文的不同，我国几乎每个地区都有地方性特色农产品。然而，多数农产品品牌的影响力仅停留在局部地域，跨省跨区域的不多，一些品牌小而散，因为市场混乱、鱼龙混杂、真假难辨，社会信任度不高。为了提升品牌的影响力，很多地方开始以地域或品种为依据，开展品牌整合。这种同类产品之间的品牌整合，属于横向品牌整合，也就是同行业企业之间一起打造共用品牌。

农产品品牌横向整合，一般会采取两种方式。

第一种方式是产地联合，是指在一定区域范围内，同类产品的企业联合企业，以"产地＋产品类别"的方式作为共用品牌起名，比如西湖藕粉、宁夏枸杞、烟台苹果、阳澄湖大闸蟹等。相关企业共同使用这一区域品牌，共同发力提升品牌的影响力，共同遵守品牌质量约定和商业规则。理论上讲，任何一个地方的农产品都会有品质和风味上的差异，这种差异是申请注册产地品牌的关键，这对于大部分农产品、大部分地区都适用。据不完全统计，目前中国的地理标志产品大概有 1 000 多种，而有条件和有资格申请的特色农产品就有 16 000 余件，只占不到 10％，这就意味着，至少还有 90％多的优质产地品牌资源可以去注册。

第二种方式是品种联合。在一个大类的农产品中，还会有很多细分的特色品种，比如，甘薯中，有一类肉色深紫色的品种——"紫薯"；苹果中，有一类口感很甜的品种——"糖心苹果"；山药中，有一类外形细长的品种——"铁棍山药"。这些特色种类，都可以以"品种特色＋种类名字"的方式，来开展横向品牌联合，打造企业间的共用品牌。

聚接平台的应用，给横向品牌联合带来新的机会。传统商业中，举步维艰的渠道建设、高昂的传播费用以及信息不对称带来的产销不平衡问题，使农产品食品经营者在塑造品牌时一筹莫展。但聚接经济依托互联网平台的集聚效率，从金融、生产、渠道、传播、销售等各环节打造新型互联网共用品牌，在品牌价值的打造和提升上具有更高的效率。网易、联想、京东等互联网企业纷纷进军农业，开展聚接品牌建设，褚橙、柳桃、三只松鼠等互联网农业品牌在平台时代迅速崛起。

不管是产地联合，还是品种联合，都需要建立好共用品牌的使用规则与监督机制。在有些地方，因为经营主体与受益主体不明确，导致共用品牌被滥用，而在监管缺失下，一些企业违反品牌规则开展生产经营，一旦出现问题，会导致整个品牌的所有经营主体受到牵连，五常大米掺假事件就是典型案例。

● 案例29 民间文化产业聚接

我国民族多，地域广阔，每个地方都有很多地方民间文化，每个地方都想以这些文化来扩大影响，拉动旅游。不少地方对民间文化的传承与发扬，都是简单照搬其他地区的商业运作经验，来带动本地文化产业发展。这就导致一部分民族文化和地方文化大同小异，而另一部分优秀精彩的文化要素却闲在深闺，没有作商业开发。

在贵州黔西南州，有一家外来企业，有感于当地丰富而又缺少商业开发的民间文化，决意在当地发展文化旅游。2016年，这家企业在当地政府的协助下，对当地所有民间文化进行了拉网式调查梳理，围绕歌舞文化、饮食文化、服饰文化和手工艺四个方面，完成了一个包含文化种类、形式内涵、传承匠人等指标的系统清单，开发互联网平台，以视频、专文等形式对所有民族民间文化进行清单上传。针对梳理的这些民间文化，从表演形式、产品价值等方面进行了筛选，分类选定一批文化艺术进行产业发展。围绕筛选出的文化种类，该企业进行了统一的形式梳理和内涵挖掘，并冠之以统一的品牌——"金州民俗"。企业在当地建立民间文化大舞台，以每月一赛、每年一会的形式，开展民间文化产业的商业运作，依托互联网平台评选最优匠人和节目，吸引游客观赏和参与，并开设农耕文化园、民间文化博物馆等，传播当地民间文化。

这种聚接，一端集聚文化种类和文化艺匠，通过梳理集成，为产业发展奠定基础，另一端集聚舞台、博物馆、赛事等手段，线上线下相结合，对各类民间文化艺术进行系统商业运作和传播，规避了传统运作中各种小习俗、小手艺、小特产的零散低效问题（图9-1）。

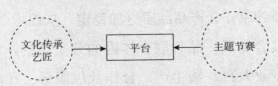

图 9-1　横向品牌聚合的原理

上下游品牌共建——纵向一体化的品牌联合体

品牌代表着高品质与信任。但如今，商业品牌琳琅满目，不少品牌都是代加工甚至贴牌，部分生产环节的不透明，难以提升消费者信任度。农产品品牌要真正提升信任度，还是要向全产业链延伸。

一件商品的问世，至少要经历原材料生产、组织、加工三个环节，其间多涉及种植基地（农民）、农民合作社、龙头企业三类主体。种植基地和合作社的最大顾虑是农产品的市场问题，最希望能够通过与龙头企业的联合来降低市场不确定性风险，依托订单农业分享加工、销售环节的利润。龙头企业的最大顾虑之一，是原材料的稳定供应问题，他们也希望与合作社和种植基地建立契约关系，依托专业合作社将分散经营的家庭农场和专业大户组织起来，获得稳定的高质量原料供应渠道。在基地、合作社、龙头企业这三类主体的合作意向推动下，诞生了集生产、加工、服务为一体的纵向一体化的品牌联合体，使商品向着加工、储藏、流通、休闲、旅游等环节延伸品牌。

沿着纵向一体化的产业链条，品牌联合体对所有环节实施统一标准的品质约束，让产品品质更加稳定，从而增强品牌的市场竞争力。开展合作后，品牌联合体内的分工不变，企业做市场、家庭农场（专业大户）搞生产、合作社供服务。在品牌打造上，龙头企业负责收集市场信息，塑造品牌内涵，并围绕品牌的内涵要求，制定商品生产流通各环节的标准，对投入品源头实施管控；合作社按照龙头企业的品牌要求，围绕原料需求开展生产组织、技术监督、产品收购，为龙头企业收购合格的原材料；家庭农场（专业大户）按照合作社要求，实施土地流转和原材料生产，严格落实各项生产技术要求。联合体内的三类主体通过签订生产服务合同、协议，建立监督约束机制，确立农产品收购、物资供应、技术操作的相关要求，形成风险共担、利益共享的品牌共同体。

在这种纵向一体化的品牌联合体中，各联合主体之间可以在一定程度上分享品牌价值。生产基地（农民）在合作社的组织下，按照龙头企业的订单开展标准化生产，生产过程中常常会得到龙头企业的资金垫付与物资扶持，所交售的农产品也一般会高于市场价。一些农民在合作社统一组织的担保下，还能以批量团购方式，购买到低价物资和服务，或是在龙头企业的担保下，得到金融机构的贷款支持。

➡ 案例30 "加州杏仁"的运作机制

全球杏仁有80%产自于美国加利福尼亚州，那里有6 000多家杏树种植农场，种杏面积300多万亩。所产杏仁品质上乘，富含维生素E和抗氧化物，销往全球90多个国家和地区。依托杏树基地，当地也发展了100多家杏仁加工商，加工商收购杏树种植农场的杏仁，开展加工、包装、销售等业务。最初，这些杏树种植农场和杏仁加工商都各有自己的品牌，独立发展自己的市场和渠道，各品牌之间相互拼抢市场，压低价格，整个产业秩序混乱。为改变这一状况，在部分农场和加工商的倡议下，大家一致同意共同组建了当地的非营利性行业协会——加州杏仁商会。商会设立董事会，由5名杏树农场主、5名杏仁加工商和多名行业代表人士共同组成，主要负责商会的日常运营与议事决策。因为涉及的农场和加工商较多，分布广，商会专门建立了"California almonds"（加州杏仁）网站平台，一方面汇总介绍种植者和加工商。另一方面集中推介加州杏仁的营养价值、口感风味和品质控制体系，集中力量宣传品牌。

　　加州杏树有30多个品种，每个品种所产杏仁的核壳硬度不一，色泽、口感都有差异。面对五花八门的杏仁品牌和参差不齐的产品品质，商会实施了一系列有力措施，可以为中国农产品协会所借鉴：

　　一是强制性入会。商会规定，只要是当地的杏树种植者和加工商，无论规模大小，都必须无条件加入商会。商会的董事会成员由农场主、加工商、行业人员的代表组成，他们不领工资。董事会聘用专业管理团队，实施商业化管理。所有会员必须按交易量缴纳会费，标准是每磅3美分。平均而言，每年的会费收取大概占到杏仁产业交易额的1%。

　　二是统一品牌。商会创建了一个公用品牌——"加州杏仁"，协调当地所有杏树农场和杏仁加工商都采用这个统一品牌，在全球市场进行产品推广。围绕公用品牌，构建了系统的技术标准和产品品质标准。

三是推广统一技术。推广一流的设备和专业化技术开展种植、采摘、加工、包装，确保杏仁产品品质一致且稳定。

四是管控质量标准。商会对所有成员的产品实施质量检测和监督，对不符合标准的会员实施经济惩罚。

五是集中力量推介品牌。商会构建互联网平台，集中人财物来共同打造"加州杏仁"这一品牌，同时在平台上汇总所有种植者和加工商信息，开展对内统一管理，同时方便会员对外合作。

品牌集聚推动了加州杏仁产业的迅速发展，提高了其在全球市场的占有率。通过商会主导的品牌聚接，一端集聚各家种植农场和加工商，另一端通过构建公用品牌，集聚各家企业的产品市场，通过产品渠道的品牌性聚合，进一步增强公用品牌的市场竞争力。而各家会员通过合作营销共享品牌成果，拓展各家会员产品的市场份额。事实上，由行业协会创建集群品牌在中国并不鲜见，但是，由于中国行业协会的执行力较弱，所以，常常难以彰显集群品牌应有的感召力。

这种市场品牌的聚接，核心是整合同类产品共同打造品牌，便于集中力量开展品牌宣传，通过一端集聚杏仁种植者和供应商，另一端集聚杏仁市场和用户，同时构建互联网平台开展对内会员管理和对外市场合作，实现上游产品供应与下游市场的统筹对接，提升集中品牌知名度和市场占有率（图9-2）。

图 9-2 上下游共建品牌的聚接原理

第 10 章

全产业链聚接

　　大概所有产业的发展，都历经了两种看似矛盾而又有机结合的趋势：精细分工与全产业链。一些企业在深入细化经营领域的同时，另一些企业又在积极开展产业链整合。那么，产业发展，究竟是整合，还是分化呢？

　　精细分工的好处是众所周知的，它可以让各环节经营主体的熟练程度越来越高，从而提高企业经营效率。但分散的农业经营现状下，企业之间基本上都是各自为政，产品单一、渠道单一、筹资渠道单一、创新投入力量不足，生产者与最终消费者之间基本没有互动，因为缺少组织化下的分工生产和专业化下的差异定位，农产品很难实现溢价。

　　为改善精细分工带来的诸多困境，一些企业开始采用聚接经济方式，实施全产业链，将自给自足的传统企业经营模式，聚接成链条完整，与工业、商业有机结合的全产业链体系。农业全产业链，是指由田间到餐桌所涵盖的原料采购、种养加工、包装物流、品牌销售等多个环节构成的完整的产业链系统，包括上游的种植、养殖基地，产中提供田间管理服务、标准监督服务、物资供应服务的企业，产后加工环节的保鲜加工、食品加工、储存加工、包装加工企业，流通环节的物流配送企业、冷通企业、渠道开发与维护企业，消费环节的专营店、商业超市专柜、电子商务、出口贸易等企业。

全产业链聚接，指的就是以农产品供应链平台为龙头，以产业链各环节建立的需求信息和生产标准为纽带，通过平台企业整合科技、物流、金融、零售、政策等资源，开展对产业链参与者的全面服务。这其中涉及两大体系：一是产业主体体系，包括产品生产、加工贮藏、物流配送、市场营销等环节的经营主体，实现产、加、销全链条贯通；二是交易体系，包括各主体之间的交易机制、信息化与效益最大化。产业链上不同环节的经营主体之间，既是合作者，也是竞争者，上游经营主体的产品销售价格，同时也是其下游经营主体的采购价格，上游产品的品质直接影响下游产品的质量好坏。在新的竞争形势下，很多农业产业逐步褪去"你耕田来我织布"的传统外衣，迸发出全产业链发展的新动力。

在中国市场，全产业链策略的好处有很多，比如资源要素互补，产业物流更高效，技术创新更容易。即便是单家企业，发展全产业链也有很多好处：一是可以有效把控产品品质，避免因为某个环节不可控而引发品质问题；二是可以帮助企业把控住产业链条中的高利润环节，降低单一环节经营带来的风险。基于此，很多企业将自己的主业向上、下游方向分别延伸，意欲开展单家企业的全产业链发展，却往往因为在延伸领域的不够专业而导致效率低下，甚至因为战线太长而导致资金链断裂，最终得不偿失。因此，这里谈及的全产业链，更多的是指依托互联网平台，集聚产业链条不同环节的经营主体，创造一个主体集聚的全产业链生态，以此发挥集约效应，促进每家企业提升经营效率和降低成本。

当前，全产业链的聚接方式主要有三种：一是链条全程可追溯。利用 RFID、二维码等技术对每件或每个批次的农产品进行标识，对产品从生产初始端到消费终端的全过程开展质量信息记录，实现可倒查。不同环节的消费者可以借助手持终端等设备对产品实现信息读取，同时，通过建立统一的追溯平台，对产品实施智能化监管。二是链条信息共享。信息共享可以促生实质性合作，借助互联网平台，任何经营主体都可以采取订单、认筹、认种、认养、众筹、众包等模式，与全产业链条上的其他经营主体开展合作。三是链条统一云端。每个全产业链聚接组织，都可以产业链为主线构建一个统一的"产业云"，存储全链条上的所有异构数据，通过大数据分析，转而为各经营主体提供针对性服务。

服务全产业链——围绕产业需求的全面服务

传统的由生产环节单纯创造价值的时代已经结束了，全产业链的聚接价值越来越明显，但对应的也需要全产业链的供需对接服务。全产业链供需对接服务，指的是一些农业服务公司，不只是针对农业产业的某一环节开展某一方面的供需对接，而是围绕整条产业链的生产、物流、销售等各个环节，提供全产业链的供需聚接服务，其聚接内容从上游向下游的环节延伸，从而形成一条贯穿主业并与主业彼此渗透的服务产业链。从利益联结的角度看，全产业链供需对接服务与产业链本身之间已经超出了单纯的服务关系，形成一种合作共赢、信息共享、风险共担的密切关系。

服务全产业链中，最重要的是技术服务的全产业链。产业链的各个环节都需要技术支撑与培训指导，贯穿全产业链，就形成了一条与主业平行且相互融通的全产业链技术服务。主要任务是搭建一个实时、开放、交互式的技术服务云，为产业链条上的各环节企业主体提供各种技术服务和创新需求。对于农业产业而言，技术全产业链服务最好是交互式的双向沟通，这种双向沟通、彼此融合的服务方式，可以推动产业的全面升级

➔ 案例31　全产业链对接服务

　　渭南黄河金三角物联网产业基地有限公司成立于2012年，隶属于陕西苹果电子交易市场有限公司。该企业确立平台战略，立足于优化整合陕西农业特色资源，建成了农业互联网全产业链服务平台，将农产品交易、农用物资交易、仓储服务、物流配送、银行结算、质量安全追溯等有机融合成一个整体。企业开发

了一款农产品大宗电子商务及移动终端交易的服务平台——"农富宝"，在整合全国农产品产地资源基础上，以认证果园为基础、以众多合作社为载体、以智慧物流为依托、以互联网平台为主要销售渠道，开展了四大核心业务：

一是智慧农业整体架构服务。"农富宝"依托农业物联网技术，创建了涉农产业物联网技术集成应用系统平台，涵盖农业数据资源库系统、农业种植精细管理系统、农业物资管理系统、农业专家诊断咨询系统、农产品质量追溯系统，用户可直接购买平台系统和应用服务。

二是O2O农村电商平台。企业在线下打造"农富宝便利店"，发展当地农产品、生产物资和生活物资的流通业务，同时开发线上平台，提供各地农产品在线供销服务撮合、农产品信息发布、市场供求状况、现货销售、生产物资和生活物资交易、仓储监管、运输配送等一体化服务。

三是金融支持。企业依托平台，与中国工商银行、中国民生银行、中国农业发展银行、陕西信合等建立银企战略合作关系，为交割库、果商、果农提供担保贷款服务，解决企业融资难、贷款难问题。

此外，在物流环节，企业还整合了多家第三方物流企业，为"农富宝"商家提供智慧仓储配送服务。在消费终端，企业以社区为单位，整合线下实体商家入驻，打造智慧社区菜市场。智慧社区菜市场全面覆盖了西安、渭南、铜川等地市 5 000 个社区，消费者可通过手机移动终端、微信等方式下单，享受配送服务。

目前，"农富宝"在陕西已认证交割果库 400 多家，总库容约 100 万吨，占陕西省果库总数 90% 以上。平台认证果园 380 万亩，认证合作社上千家，入驻农资厂家 1 000 余家，并在西北、西南、东北、华北、华中、华东、华南等地区陆续整合农富宝原产地农产品货源供应示范基地，聚集全国各地名优农产品资源。

上述三个方面，解决了农业产业中的三大瓶颈问题——市场、资金、技术，也算得上是一种全产业链聚接模式。这种聚接，主要是搭建市场、资金的第三方平台，在平台上集聚果农、果商，一方面通过电商平台和线下"农富宝便利店"推动农产品供销对接，另一方面通过平台对接银行和果农，解决资金不足问题，并为果农提供智慧农业系列平台的架构服务，是一种全套性的对接服务。

图 10-1　全产业链供需对接服务的聚接原理

案例 32　全产业链技术服务

　　上海国兴农现代农业发展股份有限公司是一家将农业技术与信息技术深度融合的综合创新平台企业，主要为农业生产的产前、产中、产后提供全产业链的解决方案。企业以农业企业、农场、合作社等经营主体为主要服务对象，提供以下 5 个方面的服务：①提供标准化GAP 种植套餐方案。企业整合相关专家资源，开发制定了近 20 种作物的 GAP 种植方案，结合测土配方、农资套餐、种植技术等，对育苗、移栽、防病、采收等全过程进行标准管理和记录。在此基础上研发了基于手机APP 的"互联网＋农技服务"专家系统，开展农业技术的线上指导与远程服务。②提供智慧农业解决方案。企业将物联网技术与农业生产深度融合，集成传感设备、监控设备和智能控制设备，应用于田间灌溉、温室设施、农机装备等领域，实现田间水肥一体化、温室自动化和农机智能化。同时研发了基于手机 APP 的智慧农业平台，借助该平台可以通过手机远程监管农业设施设备。③提供农产品品牌策划服务。企业专门组建团队，负责对农产品进行包装设计、宣传推广和品牌建设，提升品牌知名度和附加值。④农产品质量安全溯源平台。采用二维码赋码技术，一物一码，可将农产品关键生产和流通环节的信息编辑入码，通过手机"扫一扫"，即可查询农产品品质和生产过程信息。⑤农产品O2O产销对接平台。企业建立了农产品产销对接的第三方专业平台，并与网络营销、微信营销、电视购物、高端超市、生鲜连锁店、社区便利店、餐饮连锁、集团客户等多种业态渠道开展战略合作，服务农产品销售。

纵观这5项服务内容，主要体现在生产端的"标准化-智能化-全程质量追溯"，以及市场端的"品牌化"和"电商销售"，基本是农产品的全产业链。在产前，开展"GAP标准化种植方案"服务，结合农资套餐方案与种植技术，帮助用户提高生产的标准化水平。在产中，帮助用户依托物联网技术开展水肥一体化灌溉、温室智能管理与农机智能作业，减少生产用工和技术复杂性，同时运用二维码技术实现农产品从田间到餐桌的全程可追溯，解决食品安全问题。在产后，提供农产品电商平台帮助用户拓展市场营销渠道，解决销路问题，并帮助用户围绕包装设计和品牌策划开展服务，提升农产品附加值。

目前，该企业在上海的服务业务发展迅速，并着手开拓长三角地区的发展，在苏州常熟成立了全资子公司，建立了常熟市首个农业领域众创平台以及"互联网＋农业"综合示范基地、大米产业链升级示范基地，并正在打造一个集冷链仓储、分级挑拣、加工包装、安全检测、配送物流和产品交易为一体的农产品运营产业园。

总结该企业的业务模式，首先是在上游集聚专家资源，开展方案制定，比如 GAP 标准化方案、智能化装备方案、品牌传播方案，同时构建全程质量追溯和产品电商平台。在下游，以全产业链的技术服务对接用户企业的需求，为用户提供全套技术方案。

图 10-2　全产业链服务的聚接原理

区域全产业链——关联产业协同发展

一个产业的发展，从无到有，一般要经过多年的内生发展与外延扩张。而一个产业的竞争力体现，往往要经历产业链上大量企业主体的集聚，这些企业会涉及原材料供应、产品生产、包装物流等多方面。近年来，为改善经济面貌和产业结构，各地都会围绕本地经济蓝图，着力规划和打造一些新兴产业，带动地方就业和收入增长。有些新引入的产业是在传统产业的固有市场基础上延伸出来的，这样的产业发展就会相对轻松些。而往往也存在另一些产业，并不具备太多的企业主体和市场实力，虽然在产品生产的生态条件上稍显优势，但在物流、加工、市场等方面则几乎是从头开始，这样的产业发展起来，就颇费力气，有些甚至无疾而终。所以，产业的快速形成与发展过程，其实也是产业链上各环节企业主体的集聚配套过程。如果某个地方想发展某项产业，只是单纯地引入产业链某个环节的企业主体，势必会导致这些企业在生产经营上的成本高居不下，使企业丧失竞争优势。全产业链聚接，就是依托互联网平台，创造一个主体集聚的全产业链生态，促进每家企业提升经营效率和降低成本。而全产业链实体空降，指的就是在没有产业发展前期基础的环境下，聚接产业链上下游关联企业一起空降某地，从零发展经营，以减少单个环节企业异地孤军作战所产生的巨大成本费用，保障产业稳定发展（图 10-3）。

图 10-3 区域全产业链的协同发展关系

案例 33 全产业链系统空降

　　高效的食用菌生产，一般都是采用工厂化种植模式，在封闭的厂房内分层搭建食用菌种植钢架，将接好食用菌菌种的菌包摆放在钢架上，菌包上就会生长出食用菌。种植期间，最重要的就是控制好厂房内的温度和湿度，这一般是通过加热器、加湿器、风扇等设备来实现的。因此，相对于大棚种植或者室外种植，高效工厂化生产也会带来一笔不菲的用电成本。

贵州省黔西南州的生态条件非常适合种植食用菌，因为这个地方气候冬暖夏凉，工厂化生产食用菌的过程中，在温湿度调节上所花费的电力成本就会比其他地方低。2016年，恰逢全国脱贫攻坚时期，该地实施异地扶贫搬迁政策，大量人口从不适宜居住的山上搬到乡镇，为解决搬迁人口的产业发展和就业问题，该地打算充分利用食用菌种植的气候优势，大力发展食用菌产业，带动农民增收。然而，除了气候优势带来的低电力成本优势，要从零发展食用菌产业，可以说是困难重重，诸如原料收集、加工物流、市场渠道、营销品牌、技术人才、产业资金等，都需从头考虑。如果只是随便引进几家食用菌企业，或是就地培育几家本土企业，这些问题都无法解决。

为规避有产量无销路的问题，当地地方政府与中国食用菌协会取得联系，与后者签订战略合作协议。中国食用菌协会依托自身互联网平台开展企业异地发展的意愿对接，宣传当地政府所配套的优惠政策，成功将国内食用菌行业中占据市场优势的几家龙头企业引入当地。在平台宣传带动下，食用菌产业链上的原材料、包装、物流、营销等关联企业也进驻当地。因为各家企业本身都在食用菌行业经营多年，都有自身的市场渠道，因此，

食用菌销售问题得到解决。为满足产业发展的技术人才
需求，当地由企业联合投资，开办食用菌技术培训学
校，专门培养一线操作的蓝领工人。几家企业联合成立
食用菌产业发展基金，以银行、政府、企业三方为股
东，制定基金的运作办法与退出机制，有效解决了食用
菌发展的资金需求，募集基金 20 亿元。通过这种聚接
模式，在中国食用菌协会的资源协调和几家骨干企业的
带动下，聚集了食用菌产业相关联的多要素企业，在当
地新构了一个食用菌产业发展的全产业链生态。

这种聚接，是以协会和平台为依托，一端集聚地方
产业发展需求，另一端集聚企业异地拓展意愿，同时通
过协会协调产业链不同环节的经营主体，实现全产业链
配置。若非全产业链的配置引进，产业空降异地将会步
履维艰（图 10-4）。

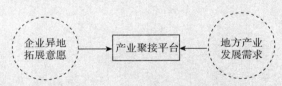

图 10-4　区域内全产业链的聚接发展原理

第 11 章

大 数 据 聚 接

　　传统的商业轨迹，虽然不少企业会自己记录，但一般只是记录一些大的指标，一些细节会被忽视，同时，这些记录也都是被各家企业自己所掌握，很少融汇和流通。但今天，随着智能手机的普及与一系列手机 APP 的应用，很多商业过程都会被自动记录，只要是使用手机上网的人，每个人都或多或少地被采集信息和记录数据，比如，你使用了定位软件，你所在的地理位置就会被记录；你使用了微信等社交软件，你的聊天记录会被留存。人们每天在微博、微信、论坛、电商平台上分享各种文本、照片、视频、音频、数据等信息高达百亿甚至千亿条，涵盖了商家信息、个人信息、行业资讯、产品使用体验、商品浏览记录、商品成交记录、产品价格动态等，这些数据集中起来可以反映出个人的生活习惯、行为轨迹、兴趣爱好、家庭状况等信息，也可反映出零售需求、市场空间、竞争情报等商业情报，对政府、社会、各类企业都具备巨大的财富价值。在移动互联网时代，用户不再只是被动接受产品和服务的消费者，而是开始成为企业行为的参与者和共创者，而用户的需求反馈与感受分享，也可以为企业提供全新的价值创造模式。正是因为有诸多好处，很多企业常常都要针对市场需求开展细致调查，包括潜在市场容量、用户消费偏好、产品消费反馈等。

大数据的理念和技术具有一定的普适性，对农业企业具有同样重要的价值。众所周知，每次猪周期的跌宕起伏，都会造成一大批企业亏损和盲目投资，通过大数据技术，不但可以全程监控猪的生长情况，还可以有效了解出栏时间，对价格行情的走向进行有效预估和预警，预测市场和养殖收益，降低猪周期对企业和农民的影响。

在农业产业发展过程中，围绕原料生产、产品加工、市场交易、消费反馈等经营过程，都会产生大量数据，形成土地流转数据库、土壤数据库、农资交易数据库、病虫害数据库、农产品交易数据库、市场消费数据库等。通过大数据应用，农业企业可以预测市场空间，了解竞争态势，更具体地获知用户需求，这对于企业的战略决策、产品改良、营销创新都有重要意义。如何盘活这些数据信息，使其为农业企业决策服务，是农业大数据的核心任务。

然而，相比于商业、工业等其他领域，农业大数据因为涵盖面广、数据源复杂，使得在农业中的应用推广面临很多挑战。

一方面是收集数据的挑战。收集原始数据是大数据技术的前提基础。农业生产经营的原始数据很难收集，主要是因为农业的分散经营模式下，各经营主体没有形成统一规划，而且相关信息也分散在各类不同的涉农网站及研究管理机构数据库中，这些数据之间缺乏统一标准和规范，在功能上不能相互关联，在信息上不能实现共享，形成了信息孤岛。多数分散存储在一些农业信息平台，或一些研究机构的数据库中，难以形成规模，以大数据的方法进行利用。要实现对这些数据的整合应用，就必须以平台化的方式，统筹连接各关联平台，选择性抓取关键指标，开展统一规范下的数据规范转换，形成系统性数据体系。

另一方面是数据处理与分析的挑战。如果数据量不大，数据之间的统一规范比较容易实现。但农业大数据涉及的领域多、产业链长、主体多，其间包含大量多源异构数据，且数据的质量参差不齐。在分析运用之前，必须对数据进行预处理，使其满足使用需求，方能开展数据间的交互和协同。同时，还需整合同类数据，剔除那些价值不大或失真的数据，这一过程相当复杂。虽然收集的数据越多，可供分析的规律就越多，但对其进行解释的难度也就越大。因此，构建多元的学科团队，是农业大数据应用的关键。

第三方数据服务——聚接社会经营主体

对大数据的获取与分析，是一项技术门槛很高的工作，一般的农业企业虽有心但力不足。于是，便涌现出大量第三方数据服务公司，专门为各类企业提供以大数据为基础的数据分析与决策参考服务。

第三方企业所开展的数据服务，其原始数据的获取主要有两种方式：

第一种方式，是通过平台抓取数据。第三方企业建立农业大数据平台，通过数据交换协议，与相关领域的平台通过接口相连，实现数据抓取，对抓取的数据开展统一的标准转换，为统一规范下的数据分析提供系统素材。

第二种方式，是通过物联网收集数据。利用机器扫码与数据传输技术，实现对千家万户经营主体交易数据的自动记录与传输，对海量数据进行分析加工，从而提取有用信息，比如不同季节的消费数量波动规律、一天内不同时间顾客的数量波动趋势等，从而降低库存成本，防止缺货问题产生。

➲ 案例34 零售品消费数据服务

零售行业所涉及的产品、渠道、价格、顾客，每一项因素都和大数据采集与分析密切相关。零售原本是千家万户的分散经营行为，但通过大数据聚接，可以将分散行为和数据集聚起来，实现规律的精准分析和应用。一是掌握市场状况。每种商品的市场开拓，都需要投入大量的人力和财力，如果市场定位不准，就会造成投入的浪费。因此，新商品入市前，经营者都要做市场评估，重点调查本区域人口数量、消费水平、消费习惯、市场对产品的认知度、市场供需情况等，并通过大数据分析，综合了解市场容量、供需状况、需求结构等问题，为产品市场定位提供方向。二是了解竞争态势。通过对行业内相关样本经营户的数据分析，可以掌握竞争者的商情和动态，知晓产品在竞争群中所处的市场地位，来达到"知彼知己，百战不殆"的目的。三是收集用户需求。通过收集和积累消费者的行为数据，比如消费者购买产品的花费、选择的产品渠道、偏好产品的类型、产品使用周期、购买产品的目的、消费者家庭背景、工作和生活环境、个人消费观和价值观等，可以分析顾客的消费习惯、价值趣向和产品的市场口碑，进而改进产品，制定有针对性的营销方案和营销战略，投消费者所好。同时也可以细分市场，实施差异化产品战略。尤其是这些年，随着论坛、博客、微博、微信、电商平台、点评网等媒介在移动端的应用发展，公众分享信息变得更加便捷自由，其中蕴藏了巨大的零售行业需求开发价值。

农产品及其各种加工品，也属于零售品的行列，也可以借助大数据聚接来提升市场销售效率，倒逼供给侧改革。因为零售户众多，每个供应商对自己产品的销售状况，尤其是对终端消费者的消费习惯和个性喜好，都很难实现精准掌握。随着互联网平台商业模式的发展，有一种大数据的业态开始萌发生机，一些开发商着手开发一些终端设备，将这些设备销售或赠送给零售户，借助终端设备，零售户对店内商品实施扫码、结算，依托销售数据进行智能化经营分析。

这款设备对每家零售户的吸引力在于，一是方便结算，设备扫码货物，会自动显示价格和结算状态；二是辅助算账，通过自动统计分析，辅助零售户开展经营效益的总结和进货品种的决策，比如每个时期，每种商品的销售额、利润率和收益，通过诸多商品的比较，为零售户推荐优化的商品销售组合。

对于每个供货商的吸引力在于，一是铺货提醒，帮助供货商了解自己的商品在各零售户的销售情况，方便适时、及时铺货；二是预测市场，帮助供货商了解本产品的消费动态和市场容量；三是圈定用户，帮助供货商精准跟踪本产品的消费人群，收集产品改进建议。

这种聚接，一端聚集大量零售户的商品销售数据，通过大数据分析整理成商品市场规律和营销策略；另一端聚集诸多产品供应商对销售动态和用户要求的了解需求，两者通过平台化聚接，实现数据生产力（图11-1）。

图 11-1　零售品消费大数据的聚接原理

自建大数据——基于联盟的自我服务

大数据的前提是有真实的海量原始数据，因此，单靠第三方公司的专业服务是很难实现的，而且，很多第三方对特定产业的专业知识有限，不一定能完全满足经营主体的需求。于是，一些经营主体也开始尝试自建大数据，实现数据的自我服务。因为单家企业的数据规模肯定无法满足数据的系统性和规模性，企业自建大数据一般会采取同行企业联盟的方式，以增大数据来源。联盟平台的大数据，主要目的在于服务联盟成员。联盟企业对大数据的收集工作，最直接有效的办法就是经营平台化，依靠平台来自动存贮过程数据，以"平台＋前端"的形式构建互联网农业产业的管理体系，实现前端多样化、后端一体化，通过在后端调整供应链，使之具备更强的柔性化能力。也就是，将传统的农业产业从纯线下经营转变为线上线下相结合的O2O经营模式，实现线上统一服务管理、线下分区协调组织的O2O经营体系，产业中的关键交易环节，全部实现线上登记。通过平台储存所有用户的行为轨迹和交易信息，通过大数据分析实现精准决策。

这样做不只是有利于原始数据的自动存储收集，还有助于企业实现扁平化管理，节省人力和成本。尤其是一些大企业，往往有着超长、超慢的内部流程——每个人要实现跨部门协同，都需要付出很大努力，组织本身的复杂性逐步压垮个体的协作意愿。互联网平台通过提高信息的流动性和穿透性，不但节省企业外部交易成本，还能降低内部的协作成本，促进业务管理的规模化价值协同网络，通过平台协作的方式，使企业内部各层级之间的信

息层层传递的线性关系，转变为一种立体化的网状关系，去除中间管理流程和作业环节，减少作业管理层级，从而促进专业化分工，提供组织化程度，降低交易成本，优化资源配置，提高劳动生产率。

案例 35 种子行业巨头共建大数据平台开展自我服务

"爱种网"是由隆平高科、中种集团、金色农华、北大荒垦丰、登海良玉等 10 家国内知名种子企业投资建立的第三方信息平台，于 2015 年 8 月 20 日在北京正式上线。平台的主要功能在于提供种子行业的市场交易、品质信息等大数据服务。平台与各大种子公司充分合作，帮助其提升效率并逐步转型，通过吸引许多涉农企业的关注，形成了巨大的流量入口和大数据平台。

针对农资企业，该平台提供品牌建设、产品展示、营销推广服务，帮助企业获得终端用户的各类信息和使用反馈，协助企业管理人员通过 PC 和移动终端管理经销商、直销大户和合作社，调度所有一线销售状况。为保护私密性，"爱种网"对不同人员设置分层级的管理权限，确保每家合作企业的所有数据仅供其本单位查询和使用。

针对农户，平台借助 LBS（客户地理位置）定位，提供本区域的农资产品、价格、历史表现、用户评价等信息，向农户推介相关的气象、土壤、往年产品表现、历史收成、农技服务、政策法规、补贴扶持、农产品收购、订单农业、贷款、担保、保险等信息，帮助农户一方面购买到质优价低、一揽子服务的农资产品，另一方面获得与种植有关的各类咨询和服务。

针对经销商，平台提供在线运行的客户管理服务，同时与不同层级经销商密切合作，借助互联网信息技术帮助经销商提高产品配送和技术服务能力，精简流通环节，推动并配合某一层级经销商逐步转型为农资物流商和服务商。

这种聚接模式，一端聚集的是行业内各巨头企业的市场经营信息和农民的用种情况，另一端聚集的是各企业对市场交易、产品品质状况等信息的服务需求。在互联网平台的构建过程中，数据大量膨胀，数据资产也便成为重要资源，平台利用这些数据分析用户需求，并且与平台上的企业共享，以此增加了用户的黏性。这种平台实质上履行的是第三方职能，利用云服务技术，向平台上的用户企业提供数据支持，使用户企业能以共同且全面的数据基础生产产品（图11-2）。

图 11-2　多企业联合自建大数据的聚接原理

第 12 章

农村扶贫聚接

　　当前最伟大艰巨的任务，莫过于脱贫攻坚战略。如何创新扶贫形式，使得扶贫能做到更加精准和有效，是扶贫的重要课题。而要实现千家万户贫困户的全面脱贫，必须真正发动社会力量，实现一对一的产业匹配和精准对象扶贫，形成以政府为主导、社会力量广泛参与、贫困对象积极配合的多元主体治理格局。否则，仅仅依靠政府行政力量，帮扶上难以为继。但现实问题是，社会帮扶力量与贫困人口一样，都是零散分布的，如何将碎片化分布的社会资源集聚起来，是脱贫攻坚的关键。

　　聚接平台可以发挥精准配对作用，实现扶贫政策、扶贫资源与扶贫对象的无缝对接。通过聚接平台，建立贫困对象数据库，可以为社会力量了解贫困对象、实施贫困帮扶提供数据信息和渠道，实现帮扶信息共享。通过平台及时发布扶贫政策和扶贫信息，对接各类扶贫资源与团体，可以让各项扶贫资源与扶贫项目实现自由组合。

帮扶主体聚接——实施社会力量与贫困户精准配对

在诸多扶贫措施中，最有效的是产业扶贫。但对于多数贫困户而言，他们最擅长的是产业链上游的生产环节，而下游的市场环节则是他们普遍的困难之处。因此，最关键的是要为贫困户创造销售市场。但并非所有的公益力量都擅长市场。其实，多数市场是客观存在的，只不过是呈碎片化分布，这就需要有一种平台来充当大市场的职能，将零碎的市场集聚起来，以订单形式下达给贫困户，让贫困户可以专心负责自己最擅长的生产环节。

每个贫困户的致贫原因不一样，有的不能下地劳作，却擅长手工艺；有的无一技之长，却可以就近务工；有的年迈无体力，却可以在家小规模养殖。每个公益人士的资源状况也不一样，有的懂特色生产技术，有的有擅长渠道，有的可以捐款托底。

农业扶贫聚接，就是利用互联网平台，将社会上的公益力量集聚起来，与贫困对象进行精准结对，同时对贫困对象的致贫原因和现有资源进行系统梳理，方便不同公益资源与不同类型贫困户之间的精准匹配，也便于动态掌握扶贫效果。

> ➔ **案例 36　大山里的贫困户和他们的农产品**
>
> 　　我国很多山区，尤其是西南地区大山深处的贫苦户，他们受制于文化素质、身体条件、经营能力，无法

开展高效益的生产经营。一方面，他们的劳动力有限，无法扩大家庭经营规模，只能依托房前屋后的土地，聊以解决温饱，难以跟上政府的扶贫产业步伐；另一方面，因为居住零星分散，难以被社会公益组织所发现和找到，而漫长的路途也让一些公益个人望而却步。这些碎片化分布的深山贫困户，是各地政府扶贫战略中的难点和痛点，有些甚至只能依靠每年几百元的政府托底扶贫资金艰难度日，一旦疾病、教育来临，他们便陷入深度贫穷。

"授人以鱼不如授人以渔"。显然，对这类贫困户的真正脱贫，应该是以产业支持的方式培育自食其力的能力，来替代传统的现金捐赠，而最好的办法，就是发展订单农业，给他们创造一个在家就能创收增效的产业。然而，对于很多山区而言，因为交通不便、地块分散、比较优势不明显，要引进这样的订单企业，其难度之大是可以想象的。即使是引入了这样的企业，受企业物流成本、产业收益的制约，村民的订单产品价格和收益也不会太高。而对于那些原本规模经营能力就不强的贫困户，这种产业扶持的力度就更有限了。

如何克服产业规模化订单的效益局限，帮助贫困户以小量产品收获较高收益？我们想到了另一种碎片化订单的社会精英公益购买模式。模式的实质是F2F（Family to Family），也就是精英家庭对贫困家庭，其实施分为四步：

第一步，搭建平台，利用微信公众平台搭建"大山里的贫困户和他们的农产品"专题，开始"大山贫困户"、"大山农产品"、大山三个菜单模块。

第二步，遍访贫困户，了解和记录贫困户的真实困境，将每一户贫困户的故事和照片记录到平台上。

第三步，聚集公益家庭，联络志同道合的身边精英家庭，将他们吸纳到公众平台上，让他们可以阅览所有贫困户的故事和他们的农产品。

第四步，开展线上线下相结合的运营，我们首先让每个精英家庭按照自己的需求，在公众平台上下单，收集他们想要购买的农产品信息，然后将收集到的订单下达给对应的贫困户。

整个模式中存在两大难点：

一是对于公益家庭，如何提高他们对贫困信息和产品来源的信任度。在骗子泛滥的社会，很多人并非缺少公益爱心，而是担心自己的付出对象不真实。这里就要帮助他们解决好两个问题，首先要验证贫困真实性，确保是真正需要帮助的贫困家庭，而不是伪贫困；其次是确保公益家庭所收到的农产品，是真正出自于贫困家庭，且按照要求所生产的。为此，平台将贫苦户的地址进行公示，至少组织 1 次亲访贫困户的活动，让公益家庭面对面与贫困户进行沟通交流。贫困户的每批产品送出前，需用手机对自己和产品进行合影拍照，并发送给平台工作人员。后者将合照上传到平台，同时注明本次产品的品种、数量和价格，实现透明化运营。

二是对于被帮扶家庭，如何组织他们按需生产、包装和物流。虽然贫困户具备在房前屋后小规模生产的能力，但在包装和物流上，就出现短板了。为此，平台设计并制作了专门的产品包装，提供给贫困户。同时，通过付费方式，一对一组织附近素质较高的村民，帮助贫困户通过第三方物流公司将产品寄运给公益家庭。

这种社会扶贫模式中，一端是分散的深度贫困户，另一端是分散的社会精英家庭，通过构建互联网公益购买平台，将两个群体聚集起来，实现一对一的对接。这种小规模的订单公益购买，既解决了公益扶贫中的碎片化供需对接问题，还提升了公益过程的信息真实性，很好地填补了精准扶贫的对象死角。

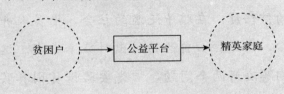

图 12-1　一对一贫困帮扶的聚接原理

产业要素聚接——解决贫困户发展产业的市场和资金难题

多数贫困地区和贫困户所从事产业都属于传统产业，而且产品种类和结构趋同严重，地域特色不明显。如果产业选择不当，很容易导致同类产品供大于求的问题，不但不能扶贫，还会影响贫困户积极性。因此，产业扶贫中，选择好产业种类至关重要，而产业种类的选择，又以解决销售市场和发展资金为前提。在解决贫困户产业发展所面临的市场和资金难题的问题上，产业要素聚接能发挥重要作用。

➡ 案例 37　饭店食材采购基地合作

要解决农产品（尤其是生鲜食材）的市场问题，其实质是如何协调成千上万家生产者与成千上万家消费者之间的对接问题，关键还是资源匹配。此前，我们单纯地以为，作为总体买方市场的农产品产业，只要找到了需求方，也就解决了农民的增收问题。但是，在帮助农民找市场的实际工作中发现，农产品并非只是单一的买方市场那么简单，其实更严重的是卖方标准和规模的不匹配问题。有很多需求较大的农产品消费商，比如餐厅、酒店、加工企业等，他们在采购方面也存在困境，因为需求量大，一家或几家企业很难满足他们所需的规模，而分散的采购会带来供应不稳和物流成本高的问题，加之在一对多的采购结构下，产品品质往往参差不齐，导致加工品品质不稳定。

在贵州黔西南，当地政府也在为农民增收问题发愁。如何为碎片化的农产品生产找到销售市场？于是，政府找到了中国饭店协会，后者有数百家饭店，这些饭店每天都需要采购大量食材。在双方的对接下，将黔西南州打造为中国饭店协会食材采购基地。第一步，由当地政府主导，系统梳理黔西南的农场品种类，以及每种农产品的种植成本、市场价格、主要种植企业，将这些数据做成清单名册。第二步，由中国饭店协会将农产品清单名册发放主要成员企业，他们根据自身需求联系感兴趣的农产品企业，提出需求订单，签订采购协议。

为了实现基地的稳定化和均质化，针对当地较有特色的食品——牛肉粉、羊肉粉、剪粉等，注册"三碗粉"商标，依托商标对基地生产、产品品质等作出统一标准要求，依托统一商标带动所有原料走出去。在品牌的集聚带动下，当地每年冬季举办"三碗粉"美食节活动。

这种聚接，一端是聚集碎片化的农产品品种和生产者，另一端集聚千家万户饭店企业的食材采购需求，通过两者对接，实施订单采购，既解决了农产品的销路问题，又提升了饭店食材采购的规模稳定性和品质适配性。

图 12-2　零散食材生产者与饭店需求之间的聚接关系

案例38 "点筹网"的公益众筹

"点筹网"是一家致力于以公益力量提供农业扶贫融资的平台公司，是中国农民的天使投资人。平台以项目为单位，发动社会力量以众筹的方式，为农业企业提供资金借贷，在众筹资金的偿还方式上，可以选择归还资金，也可以选择农产品抵偿。平台通过与各地区农业部门合作，已上线几千个农业项目，涉及种植、养殖业，为几千家农企和农户提供了数亿元生产资金。

广东省蕉岭县家庭农场的负责人林干松在原单位改制后回到家乡，发现当地土地抛荒严重、村民大多外出打工、农村空心化严重、留守村民生活条件艰苦。于是他通过土地承包权流转的形式承包了当地1 700余亩土地，引进优质稻种、采用生物除虫除草的方式发展生态农业种植生态水稻，并返聘当地贫困农户、留守妇女在农场做工。2015年，其因扩大种植规模和购置加工设备需要融资20万元，但因其无法提供抵押物、担保金等无法从传统金融渠道获得资金。点筹网根据其农场的具体情况设计了一整套解决方案，为林干松解决了融资问题以及大米的销售问题。2015年11月13日，点筹网在平台上发布了该项目，投资人通过点筹网认筹农场的大米，以订单的形式提前把认筹费用给农场，每份认筹金额 500 元，为 1/4 亩土地种植水稻的成本，包含租金、育种、疫病防治、人工管理、产品加工、物流配送等费用，认筹完成后由点筹网在相应的地块上插入标识牌，拥有该地块所产农产品的收益权。点筹网创新地提出以"产品＋权益"的融资返还方式，水稻收割加工后，投资人可根据需求选择本金退回，并获得 5 千克大米或等值现金作为回报。最终，有 31 位投资人选择大米实物作为回报，实现大米提前销售 1 100 千克，打造"订单农业"和"私人订制"，实现生态大米"专供"，缩短了流通环节，拓宽了销售渠道。

这种聚接方式，以产业扶贫为核心，一端集聚有融资需求的农业项目，另一端集聚社会公益人士，以众筹方式融资，供农业项目发展，投资人的资金借贷利息，多以农产品的实物形式偿还。两端的对接，不但解决了项目产业发展所需的资金问题，还在产业发展的过程中带动贫困户脱贫增收。

图 12-3　公益众筹的聚接原理

第 13 章

展望：配置碎资源，触发新动能

当前，受农产品价格"天花板"压顶和生产成本"地板"抬升的双重制约，农业供给侧结构性矛盾集中爆发，推进农业供给侧结构性改革已迫在眉睫。供给侧改革需要依靠经济模式创新，而以产业链推进、资源集聚、平台对接为主要特征的"聚接经济"就是一个可以触发巨大新动能的创新模式。

"聚接"，像是一场化学反应，将两杯有未来反应的化学品，一起倒入第三个杯子中，两杯化学品中上亿的化学分子，就会分别找到各自反应的对象，一起生成新物质。这其中，第三只杯子扮演的就是平台作用。

"聚接"，也是一条通行于生活的普适规律。比如我们每个人的生活中，很多次的吃饭或者聚会，自然会将不同的人聚接到一起，依托这次聚会的聚接作用，原本陌生的两个人也许就会成为朋友，甚至有事业合作、联姻成亲的可能。这里面，平台职能由聚会的组织者承担。

对于每个产业链条上的每个环节，都会有成千上万的经营主体，或在上游承担着生产、加工，或在中游扮演着物流、中间商角色，或在下游承接着产品消费。这些经营主体，如同不同杯子里的化学品，又或是同一个人的互不认识的两位朋友，他们之间少数熟悉，多数陌生，需要有一个"中间人"来牵线和整合，才能触发化学反应产生新动能。显然，今天的科技发展为他们提供了一个最高效可靠的"中间人"——互联网平台。这个"中间人"可以同时集聚产业链上的几乎所有经营主体，为大面积的化学反应创造最佳条件。然而，越是大规模的聚接，就越是要有秩序和规则来引导，以避免成千上万的无序碰撞所带来的巨额交易成本，显然，最有效的办法就是以产业链的环节为单位，开展横向集聚，然后将处于产业链不同位置的横向集群之间实现对接，就可触发产业新动能！这就是聚接经济。

农业产业大致可分为四大领域：生产、营销、服务、创新。从本书前面的介绍与分析可以看出，聚接经济模式在这四大领域都大有所为。

在生产领域，传统农业经济存在三大矛盾。一是资源要素的流转矛盾，表现为土地、劳动力、设施装备、资金等产业资源要素流通不畅，一方面，部分人的部分资源闲置，利用效率不高；另一方面，部分人的资源紧缺，购置成本高昂。二是物资采购的供需矛盾，表现为农药、肥料、农地膜等各种农资的销售困境，一方面，农民对农资的选择面窄，面对品质、价格、售后话语权不大，另一方面，各类物资的厂家高度依赖中间商，多数利润被中间商所攫取，成本费用高。三是农产品品质检测的高成本与低指导性的矛盾，一方面，不管是第三方检测，还是自建检测中心，都面临费用高昂的问题；另一方面多数检测结果，并未发挥反馈生产过程的指导作用，以及提升消费者信任的品牌作用。采用聚接经济模式，可以很好地解决这些矛盾。聚接经济可以通过集聚农业产业的各种资源要素，对接资源状况不同的各类经营主体，实现土地、劳动力、设施装备、资金、技术等要素的自由高效流转，为经营主体节约资源投入成本；通过聚接物资采购，将千家万户的农民对农资的采购需求，与成千上万的农资生产商自由对接，去除农资流通的中间环节；通过聚接农产品品质检测，促进众多检测机构、设备、人员的高效建设与协同工作，降低各经营主体的品质检测成本，提升产品品质安全与市场信任度。

在营销领域，传统农业经济面临三大困境。一是产品销售的市场渠道困境，表现为供需信息不对称，多数农业企业销售渠道单一。二是农村消费品市场的供需困境，巨大的农村消费市场中，充盈着各供应商之间的高成本无序竞争。三是农产品品牌困境，绝大多数企业通过自建品牌在市场中单打独斗，难以成长。聚接经济的运作，可以有效化解这些困境。在其集聚对接作用下，通过平台联通农产品供给与市场需求，帮助不同企业集聚和交换销售渠道，为营销平台引入人气，提升产品数量、品质在供给与需求两方面的匹配度，解决农产品"销售难"的问题；以纵向共建和横向聚合两种方式，帮助不同农业企业联合创建品牌、合作推广品牌；集聚将千家万户农民的各类生活消费品采购需求，与各类商品供应商相对接，打开农村消费蓝海市场。

　　在服务领域，传统农业经济遭遇四大问题。一是农产品物流对接低效、运力浪费的问题，二是专业化服务统筹性低、交易成本高的问题，三是农业装备售后服务主体多、效率低的问题，四是产业扶持政策力度大、对接难的问题。聚接经济为破解这些问题提供了机会。聚接模式下，通过开展货车与货主的集聚对接，聚接闲散运力与零散配送任务，让社会物流车辆不为所有、但为所用，解决农产品物流成本高的难题，提高货车物流效率；聚接零散社会专业化服务力量与千家万户农民生产作业服务需求，提高专业化服务效率，促进农业专业化分工；集聚区域内不同农业装备供应厂商的售后服务力量，对接零散分布的维修服务需求，降低装备维修成本；集聚政府各部门扶农支农资金项目，对接千家万户农企的扶持需求，提高资金投入精准度和帮扶效果。

　　在创新领域，传统农业经济都是以单家企业为主体开展自我独立创新，遭遇三大尴尬。一是因单家企业的人才、设备、思路有限，遭遇创新能力不足的尴尬；二是因企业之间的信息闭塞，遭遇重复创新投入的尴尬；三是因问题导向不明，遭遇成果不实用或应用范围窄的尴尬。聚接经济可以实现创新人才、机构与企业难题、困境的集聚对接，促进创新成果与创新技术需求的配对，集中力量联合攻关解决现实问题，提高创新的针对性与效率。

　　总之，聚接经济是产业经济发展的一种高效资源配置模式，这种高效是建立在改造产业链的基础之上，本质是对产业链资源的优化配置，以新配置促生新动能，以对等经济降低交易成本，通过新动能的提升和交易成本的降低，全面提升产业整体和企业个体的经济效率。

核心——改造产业链

农业产业链，是从上游的农业生产原料开始，经中游的加工、包装、物流、销售等环节，一直到终端产品消费的完整链条，始于自然资源、止于消费市场，包含价值链、企业链、供需链等多个相互对接融合的维度。

产业链效率的高或低，主要取决于链条上各个环节之间的协同性。尤其是产业链上下游的相邻环节之间，直接表现为供需关系，他们之间的对接效率，影响整个产业链的效率。对于农业产业而言，就是要看从田间到餐桌各环节经营主体的融合性。长期以来，为了追求产出数量和规模效益，农业资源要素的投入多数集中于生产环节，而对产业链条上其他环节的投入不够。因为经营环节多，各经营主体之间的信息互通性差，导致协调性不强，生产与消费之间的匹配性差。近年来，农业产业同时出现"过剩"与"不足"的问题，农产品的品质安全与农业的生态安全成为新的焦虑，这就需要改造农业产业链，以上下游的融合发展来提升产业链整体效率。

分析传统农业产业链低效率的原因，主要是由协调机制不健全和信息不对称所造成的。在早前，社会环境总体供不应求，顾客需求变化不大，产品的差异也较小，企业的竞争也相对缓和，各环节企业主要依靠自身资源和所了解的局部信息来组织生产经营，不需要通过与下游客户互动交流来开展灵活的产品开发。而如今，在数量得到满足的形势下，消费者对产品品质和设计有了更多的个性化要求，好在产业链的每一个环节都对客户开放，都可以收集到对产品供应的市场反馈，比如，原材料供应商除了按订单供货之外，还必须了解产品市场的动态需求，以此向生产商提供建议，与产品改进同步带动原材料供应升级；经销商也会在销售过程中收集客户意见，形成产品改进要求，并反馈给生产商，通过产品改进同步扩大经销规模。由此形成的原料供应商、经销商、生产者三个环节的供应改进共同体，虽然可以根据客户需求开展产品优化，但整个体系的反馈过程耗费大量时间和投入，因为缺少协调者，整个产业链无法形成闭环，导致效率低下。

聚接模式的应用，可以打破农业产业的传统链条形式，不同环节的企业依托平台发生集聚并自由对接，可以加深全方位沟通，并以联盟形式共同了解和分享终端用户需求。同时积累大量产业信息和数据，促进各经营主体以大数据方式改进供应。这种经济模式，使各个分散的经营主体之间突破地理限制实现集聚式协同合作，形成精准对接的高效率产业链。

这种聚接，在手段上是加法和减法的效果叠加。加法效应，就是依托聚接平台，将产业链同一环节的相关经营主体进行同类召集，实现集聚效应；减法效应，就是利用平台的对接作用，去除中间环节，在上下游两个环节之间直接架构供应链，压缩价值链，实现渠道扁平化。

聚接经济对农业产业的作用，核心是对农业产业链的改造。

第一个改造，是商业逻辑上，将正常的产业链条顺序，朝逆向化转变。在工业时代，形成了以福特为代表的等级分明、层层服从、流水线式的线性管理模式，曾经在一段时期对经济增长发挥了重要作用。而今天，我们面临的是一个分工细化、主体众多的网状多维社会结构，传统的线性管理与现实的矛盾越来越多。主体之间的大规模协作，以及每个经营主体的自我管理、自我驱动、自我组织变得更加重要。传统的商业逻辑，是依照产业链条秩序，从产业链上游依次向下游推演，实现从生产到市场。这种逻辑下，生产者不能很好地获知消费者的需求，导致供需两端信息不对称，带来大量产品库存。而聚接经济的商业逻辑，则是采取逆向化的推演方式，以消费环节为原点，依次推导至批发商、品牌商、生产商、原料商。聚接经济的逆向化改造，让整个产业链的每个环节都实现了以下游为中心，解决了供给侧的过剩化和无效化问题。在聚接思维下，C2B 商业模式变得越来越普遍，整个商业逻辑正在被倒置。

第二个改造，是组织模式上，从以单家企业为主体，转变为"一平台＋两集群"的聚接经济体。传统经济的组织模式，总体上表现为无数个经营主体的自顾自地生意对接。而聚接经济通过平台集聚产业链上下游两端的经营主体，形成两个独立的集群，再将两个集群在平台上实现对接，让每个集群的经营主体都通过聚接平台与另一边发生联系，从而构建了"一平台＋两集群"的聚接经济体。通过这个聚接经济体，各个经营主体实现了商业关系的重构。

第三个改造，是聚接形式上，从简单的中介平台，转变为"1个大平台＋2个小前端＋多个商业生态圈"。传统的商业模式，在上下游对接上采取的只是简单的中介模式，集聚主体少，对接效率低。这种初级阶段的平台，仅仅是作为一种中介，完成信息流的汇集整理以及供需之间的单项传递功能，就好像是承担着客运任务的一辆无人售票客车，众多上上下下的乘客之间没有交流，只是为了搭乘客车到自己的终点站。而聚接经济模式，一般是以互联网平台为载体，不仅仅是中介角色，它更是经济活动的直接参与者，为每一经营主体提供专业 APP 服务，镶接于大平台两端的两个上下游环节，分别利用自己的 APP 小前端，开展平台登录和伙伴对接。很多经营主体，都有着自己的联盟网络和市场渠道，构成自己的商业生态圈，不同经营主体之间可以通过渠道交换、流量引入、资源共享等方式实现生态交融。聚接平台不仅可以实现与供需两方的双向互动，还能在信息商品的高级加工中实现信息商品价值的增值。

第四个改造，是竞争态势上，从企业主体之间，转变为产业链条之间。在聚接平台的逐步开放化过程中，产业链条上形成多个"大平台＋双边集群"的聚接经济体。企业之间的竞争态势发生变化，由传统的两个企业主体之间的竞争，转变为平台生态圈之间的竞争，也就是一个聚接经济体与另一个聚接经济体之间的竞争。市场竞争的层次由单个产品、单个产业环节向产业链与产业链之间的转变。

本质——重新匹配零碎资源

农业产业的主要资源要素，无非土地、劳动力、资金、技术。理论上，这些资源必须系统匹配，才能促进整个产业的稳步发展。但近年来，我国农业在要素匹配上却出现两个严重的不同步问题。

一是先进的资本、技术与老化的劳动力素质之间的不匹配。一边是越来越多的工商资本与先进技术进入农业产业，需要大量高素质的劳动力去承担和实施，另一边却是多数青壮劳动力外出务工，农业产业高素质劳动力严重不足。

二是新型农业发展模式与零散破碎土地之间的不匹配。一边是家庭农场、休闲庄园、品牌加工、三产融合等各种新农业模式，集聚了原料供应、生产场地、经营规模的规模化特征，对土地的整体规划、集中使用提出较高需求，另一边却是作为新农业载体的土地，依然分散在千家万户手中，集约化使用的协调成本巨大。

从这两个不同步的现实矛盾来看，要提升农业产业效率，根本问题还是优化资源匹配，也就是做好资本、技术、劳动力、土地等要素的优化组合。然而，因为各种要素主体众多且布局分散，组合起来的协调成本巨大，依靠传统的熟人关系，是很难实现大规模配置的。

聚接平台是连接者、匹配者、市场设计者，也是经济增长的新引擎、新动力，通过促进信息快速流动，创建大规模社会化协作，创造共赢的经济生态。借助互联网平台，聚接经济使社会资源可以在更大的范围内自由快速地流动，从而促进分散的经营主体之间开展非市场化、非专有化的经营合作，促进全社会范围内资源的高效利用和再匹配，促使产业链上的单个经营主体摆脱地理限制，依托互利网平台实现同行集聚与供需对接，促进产业链资源的高效利用和再匹配。依靠"聚接"，使各种资源要素突破原有子系统，形成新的均衡组织，从而节省构建契约带来的交易费用。

聚接平台对农业产业资源的匹配，有三种常见的内容：匹配市场、匹配受众、协调需求。匹配市场方面，聚接平台为供应方和需求方提供对接机会和交易便利，双方借助聚接平台提高搜寻交易机会的效率，增加成功概率，好比房地产中介、电子商务平台、婚介所等。匹配受众方面，聚接平台通过免费甚至以负价格向受众提供服务，以吸引受众到平台上，进而吸引企业到平台上发布产品信息。匹配需求方面，聚接平台能在两组或多组用户间产生交叉网络效应，使用户在平台上实现相互需求，这就好比电脑操作系统、银行卡支付系统、移动通信增值业务等平台系统。

聚接经济体只是将零碎的资源进行集聚，在集聚过程中让企业之间相互发生对接，至于具体的对接内容与游戏规则，则是由对接主体之间相互约定，与聚接平台无关。但为了保证用户的真实性，聚接平台往往会担负起对平台用户身份的认证和信用评价，并通过内部监督机制来约束所有用户。

策略——构建"平台＋双边集群"的聚接经济体

聚接经济通过构建聚接平台，两端集聚两类截然不同的用户群，每一类用户通过聚接平台与另一类用户群相互对接而获得产品与价值交换的新机会，通过"平台＋双边集群"的新型供应链，激发产业链发展新动能。聚接经济的原理看似简单，但实施的技术性很强，涉及如何集聚用户，如何收费定价，如何差异化竞争，如何稳定发展等诸多难题。

用户集聚策略。聚接经济以"一平台＋两集群"的聚接经济体，来开展对两类用户——供给方和需求方的聚接与服务。对于两边的供给方和需求方，同样也都是以对方的数量来作为是否进驻平台的决策依据，如果一类用户消失，另一类用户也就没有集聚的必要。整个经济体的效用与效果，决定于它所集聚的企业的数量与规模，集聚的企业越多，每个企业可收到的效用就越高。而聚接经济体对某个企业的吸引力，取决于这个经济体上所集聚的其他经济主体的数量，准确地讲，应该是取决于另一边集群的企业数量。也就是说，聚接经济体的一边集群的企业数量，会显著影响另一边集群的聚接效用与数量。比如，POS 机是一个聚接平台，通过聚接持卡顾客群和商户群，成为聚接经济体。在这个经济体中，持卡顾客越多，POS 机这个平台对商户的价值就越大；而安装 POS 机的商户越多，银行卡对顾客的价值也就越大。在这种交叉作用下，聚接经济体才能够吸引两端的大量用户，使得用户数量像滚雪球一样越滚越大，而用户量的增大，又会进一步提升聚接经济体内的信息匹配度、规模效益和个性化需求的满足度，经济体自身也会从中获得更大回报。

对于聚接平台而言，只有将两个集群的经济主体尽可能多地拉进平台，才能更好地发挥聚接效用。然而，大部分聚接经济体在聚接初期，都很难同时召集两边的用户，供给方不愿意进入，是因为需求方企业不多，而需求方企业也因为供给方企业数量少而兴趣不浓，这个"先有蛋，还是先有鸡"的循环问题是困扰聚接经济体起步的最难困境。从现实策略来看，一些聚接经济体会采取各个击破的方式，常常以免费甚至付费的方式，让用户接受平台服务，以此鼓励受益用户的积极性，短期积累一边用户，来吸引另一边用户的入驻，进而在良性互动中夯实集群数量。大部分的聚接经济体努力增加价格敏感度较高、数量较少的、受补贴一方的用户参与数量，以此吸引另一边的用户付费参与。此外，有些聚接经济体还通过机制设计，鼓励入驻企业之间的沟通互动，增大对接频次，实现扩大发展；通过设置企业准入机制，去除对聚接业务不利的元素，更好地甄选用户。

聚接初始阶段，即使是以免费方式集聚用户，也必须要尽可能在短时间内完成尽可能大的用户规模，以避免不可预见的风险。若经济体在短期内不能迅速突破临界规模，经济体便会处在一个恶性循环的低水平均衡状态，因无法做大而发挥不了理想的对接效用。

平台定价策略。 集聚经济体的运营与发展，依靠的是聚接平台的集聚与维护。如果聚接平台不能盈利，就无法保证整个经济体的正常运行与长期发展。现实中，一些企业本来就是以营利为目的，来搭建平台，发展聚接经济体。相对于一般实体企业而言，这种聚接经济体反而有更大的潜力在短期做大做强，以阿里为代表的一些平台型企业便是很好的例子。

聚接经济体中的平台企业要持续营利，就必须处理好聚接服务的定价机制问题，维持一个最优收费结构或价格结构，以此平衡双边客户的利益。目前多数平台采取的是"倾斜式定价"模式，即对一边集群用户实施低廉费用、免费、甚至补贴的方式，而对另一边集群用户则征收相对较高的费用。这种定价模式并不遵从企业的边际成本，而是以平衡双边集群的积极性为重点，对两边的企业经济主体进行区别定价，导致每一边的收费标准与边际成本不成比例，一边的收费低于其边际成本，而另一边则高于边际成本。

不同经济体之间的竞争策略。影响经济增长的手段有很多，不同手段的力量不同，一些手段是小措施、小作用，而另一些则是大变革、大增长，其中最有力的应该属资源配置手段。聚接经济其实就是一种以资源配置为核心手段的经济变革模式，对经济增长有巨大的推动力，在服务各企业的同时，聚接平台自身也会成长迅速，盈利快速增长。鉴于聚接平台的这种快速成长性，很多企业都瞄上这个领域，致力于打造多方共赢的聚接生态圈，这便导致了在不少领域的聚接经济体之间的竞争。当不同的聚接经济体所提供的服务趋同化时，用户就会面临更多选择，经济体之间的竞争变大，每个经济体都会面临用户流失的风险，同时也具备潜在用户转化为实际用户的机会。这种功能和用户的交叉，还会带来聚接经济体之间的相互吞并整合。唯有差异化，可以保持自己的竞争力。这就要求聚接经济体所提供的聚接服务必须具有较大差异性，通过不断挖掘用户的最新需求，持续对接需求，创造价值。

手段——打造对等经济

聚接经济对经济增长有巨大潜能的背后，是实现了对等经济的众生生态。这种千家万户企业之间的对等经济，主要体现在三个方面，一是作为参与者，诸多企业在经济体内部的地位对等；二是作为组织者，各家企业在构建经济体方面的机会对等；三是作为用户，企业们在信息获取方面的渠道对等。

一是主体地位对等。农业和工业时代是没有民主的，各家企业围绕剩余价值你争我抢，利润的创造基本以生产者为中心。各产业流行的是大规模生产、大规模销售和大规模传播，只有大企业才具备大规模资源调配的能力，留给小企业的市场机会很少，市场经济成为大企业之间的游戏。如何进入市场并在大企业的夹缝中成长发展，成为中小企业所面临的现实问题。但是在今天，移动互联网技术的普及，让整个商业进入到以满足大众需求为目标的民主时代，分散的个性化需求带来各产业企业主体的多元化。"规模大"不再是必需的优势，各企业无论大小，都可以在聚接平台的协调作用下，开展集聚、对接与合作，多企业间的集聚动能远远大于单家企业的变革能力，从而将所有人都拉到同一起跑线上，让聚接成为又一次优胜劣汰的生存战略。过去，小企业之间也有所谓的集聚，但多数是各同行企业以协会、联盟的形式所开展的联合，因为更多地涉及竞争，这种同行者的联合往往只是在大的共性上开展规则约定，而少有深度合作。而聚接经济是一种社会化的对等生产模式，它将聚接平台作为一个用户集合点，直接匹配产业链上、中、下游环节的供给者和消费者之间的交易，打造的是一个产业链生态中的对等经济。

二是组织机会对等。过去也有产业链上不同环节的企业之间的合作，但这种合作多是基于熟人圈子的小规模的，受制于信息获取和沟通渠道，大规模的尤其是不同集群之间整体化的合作基本不可能。互联网平台为陌生人之间的信息分析与需求交流提供了便捷渠道，由此而产生的聚接经济，将熟人之间的合作关系扩大到陌生人群体，提升了产业链上经济主体之间的商业互信。相比前两次工业革命塑造的以"单一中心、大规模、统一标准"为主要特征的模式，聚接经济去中心化的价值网络更加方便自组织。在这种自组织体系，发起者可以是产业链条任何环节的任何企业，而不是非要依赖于哪一家企业或者政府部门。聚接组织的参与者数量也没有约定，可多可少。

三是信息渠道对等。传统经济中，信息不对称会带来较大的协调成本，增加企业的内部和外部交易费用。不同企业之间因为拥有各自的利益诉求而存在双重加价的价格扭曲，使得每家企业在每个阶段都会在价格上加上自己的成本边际，从而导致整个产业链的利润大大降低。在聚接经济体中，两边集群中的每一个用户企业，都具备相同的对接合作的机会，在供需信息、竞争态势、行业状况等方面具备对等的信息渠道，聚集平台为各用户企业的发展提供了均等的信息。

四是供需权重对等。对于聚接平台而言，它必须同时迎合不同用户群的需求，比集群用户间的双边关系更有效地促进需求协同，才能稳定集聚双边用户。对于用户而言，它们进驻聚接平台

的目的是为了寻找对接机会。因为平台两边的集群之间存在相互依赖和需求互补性，只有双边用户同时进驻到平台，才可能发挥平台的资源匹配作用，平台才能通过促进合作而体现其价值。因此，两边的集群用户在作用上，都是彼此进驻平台的唯一目的，在供需权重上，不论企业规模大小，都具有同等重要性。

预测——发展正当其时

过去企业数量不多、生产能力不够，各家企业独立生产经营就足够了，企业之间压根不需要什么聚接组织。而在经济全球化的大环境下，加之近年来企业数量众多、总体生产能力过剩、有效供给不足，企业之间就不得不寻找上下游的合作机会，这种找寻是需要成本的，有效对接耗费的交易成本更大，而聚接经济模式为上下游企业之间的相互找寻节省了交易成本。在当前的农业领域，一方面是各家农业经营主体急于通过需找市场、摊销成本来增加效益，另一方面是一些初尝者感受到聚接合作的好处，加之举国上下的农业供给侧改革浪潮和移动互联网经济的快速发展，多方面的推动让聚接经济的蓬勃发展充满机遇与想象。

第一个机遇，是正当农业供给侧结构调整的紧迫期。目前我国农产品供求结构失衡、生产成本过高、资源错配及透支利用等问题十分突出，其中最大的问题，就是产品生产与市场需求的脱节，"买难"与"卖难"并存。大量农业企业遭遇生存考验，一边是效益的"天花板"，另一边是生产成本的"地板"。要解决有效供给的问题，需要把下游市场需求作为"导航灯"，按市场需求创新产品供给，为用户提供更丰富、更优质、更适销的产品。

而聚接经济恰好为这些农业企业提供了发现需求、寻找市场的机会，通过全方位制造供应方与需求方的对接机会，帮助企业消化库存、去除无效产能和提高有效供给。

第二个机遇，是正当移动互联网技术普遍应用的机遇期。移动互联网的发展为聚接经济带来发展春天。在互联网平台技术和移动互联网技术的支撑下，聚接经济的平台建设成本大大降低，聚接平台两边的集群用户更加容易黏附到平台，通过移动终端与聚接平台上的其他用户开展交流对接。近几年，我国人口红利慢慢减退的同时，网民红利却在悄然形成。"中国互联网信息中心"发布的第 37 次《中国互联网络发展状况统计报告》显示，截至 2015 年 12 月，我国网民规模达 6.68 亿，其中手机网民 6.20 亿，移动互联网普及的当下，聚接经济的发展正当其时。还有一个数据，就是 6.68 亿网民中，29 岁以下的网民约占 60%，年轻网民的比例非常高，十年后，这些习惯了互联网生活方式的年轻人将成为中国社会经济的中坚力量，他们的思维逻辑、知识结构和生活方式，更容易在移动互联网的载体作用下，带领企业、经济实体参与聚接经济的组建与运作，在聚接组织中寻找合作发展机会。

总之，聚接经济通过重塑农业产业资源配置模式，构建"平台＋双边集群"的聚接经济体，打造产业链对等经济，可以有效聚集社会零碎资源，优化供应链配置，为农业产业集聚新的发展动能，无疑将成为农业产业新的经济增长点。在各聚接经济体的组织下，聚接平台为双边集群用户提供基础能力、制定参与规则、设计价格机制,与集群用户共建新的商业生态圈。未来,随着网络技术的发展,平台建设与运用的成本越来越低,新的网络效应、使用场景和用户体验,都会导致用户迁移,让旧平台很快被新的平台所取代,从而带来越来越大的平台竞争与用户之争。

POSTSCRIPT **后 记**

　　不管是社会宏观经济，还是某个具体的行业经济，都像是一个由无数原子（经济个体）构成的反应体，依托这个反应体，各原子与原子之间的碰撞会产生聚变，进而释放出反应体持续发展的动力。换言之，一个产业、行业、区域的经济动力，取决于各原子之间的碰撞反应概率，也就是各经济个体对内及对外交易的概率。为了促进各经济个体之间的相互交易，各级政府、行业协会都竞相在体制机制改革上寻找路径，其间涌现出很多政策和方法，对促进经济个体交易的力度不一、效果不一，但少有普遍公认的高效模式。与此同时，一些经济学家也提出了很多理论方法，或晦涩难懂、不易掌握和操作，或受限较多、不易复制。这些年，我一直在思考，有没有一种普适的方法，能让各级政府、各行业协会、各企业家一看便懂、一学便会，在提升区域、行业经济个体交易上用之有效、屡试不爽？直到移动互联网的普及和

平台技术的成熟，我终于找到答案，这便是"聚接经济"。

本书中的很多案例，都是笔者亲身参与、据实梳理。就在近五年中，我曾经投身县域农业发展，面对当地农业产业主体小规模生产与分散经营的发展困局，引导组建农产品流通协会，通过培育公用品牌集聚企业主体共同对接需求侧市场；我也曾经参与村级扶贫，为解决"空壳村"集体经济薄弱的问题，力主搭建互联网村集体经济平台，集聚州内村集体组织共同做大平台流量，以"生活品下乡"推动"农产品出山"；我也曾经主持开展互联网农业的运作探索，借助烟草行业的订货平台，集聚卷烟零售户开展品牌农产品的连锁经营，带动烟区农民脱贫……如今回首，其实所有的努力都在"聚"与"接"之间，都逃不过"聚接经济"的思维模式。本书的面世，得益于这些工作经历中相关政府部门、企业和合作伙伴所引发的灵感，向他们表示由衷谢意！

本书得到中国烟草总公司科技项目"'互联网＋烟草农业'模式研究与应用"（No.110201502003）和贵州省烟草公司黔西南州公司科技项目"基于互联网＋思维的烟草农业经济模式研究"（No.2016-09）的支持，在此表示感谢。

书稿的撰写主要以促进理解为出发点，多依经验所思，由于水平有限，在一些说法尤其是概念上可能会有失严谨，敬请读者批评指正！

王 丰

2017 年 6 月 20 日

图书在版编目（CIP）数据

聚接经济：一种农业供给侧改革的高效模式 / 王丰
著 . —北京：中国农业出版社，2017.12
ISBN 978-7-109-23725-4

Ⅰ.①聚… Ⅱ.①王… Ⅲ.①农业改革—研究—中国
Ⅳ.①F320.2

中国版本图书馆 CIP 数据核字（2017）第 322121 号

中国农业出版社出版
（北京市朝阳区麦子店街 18 号楼）
（邮政编码 100125）
责任编辑 闫保荣
—————————————
北京中兴印刷有限公司印刷　　新华书店北京发行所发行
2017 年 12 月第 1 版　　2017 年 12 月北京第 1 次印刷
—————————————
开本：700mm×1000mm　1/16　印张：12.5
字数：150 千字
定价：36.00 元
（凡本版图书出现印刷、装订错误，请向出版社发行部调换）